Apprendre sans peur

La *Chronique Sociale* est à la fois un organisme de formation et de recherche et une maison d'édition. Fondée à Lyon en 1892, elle s'est préoccupée dès ses origines de sensibiliser aux évolutions de la société et de suggérer une organisation de la vie collective plus solidaire et plus respectueuse des personnes.

Actuellement, les ***Éditions de la Chronique Sociale*** publient des ouvrages et des jeux pédagogiques qui contribuent à mettre en œuvre ces orientations. Issus de pratiques professionnelles et sociales, ils sont au service de tous ceux qui s'efforcent de mieux comprendre le monde.

Chacun pourra s'approprier ces outils et les utiliser, tant pour son développement personnel que pour une action collective efficace.

Pour plus d'informations :
www.chroniquesociale.com

Couverture : 3M2A

Responsable des Éditions : André Soutrenon

Correction : Gil Mozzo/Jean Glorieux

Imprimeur : Vasti-Dumas V006683-00D

Chronique sociale, Lyon, Dépôt légal : janvier 2011

Imprimé en France

Antoine de La Garanderie

Apprendre sans peur

2e édition

Pédagogie
Formation

l'essentiel

Chronique Sociale
7, rue du Plat - 69002 Lyon
Tél. : 04 78 37 22 12

Du même auteur

Les 12-14 ans. Un âge charnière [en collaboration], Fleurus, 1966.

L'adolescent [en collaboration], Mame, 1967.

La valeur de l'ennui, Le Cerf, 1969. (ouvrage couronné par l'Académie française)

Schématisme et thématisme : le dynamisme des structures inconscientes dans la psychologie d'Albert Burloud, Nauwelaerts-Louvain, 1969. (Thèse principale du doctorat d'État)

La pédagogie de l'entraide, 1re éd., Éditions ouvrières, 1974 ; Chronique Sociale, 2e éd., 1999.

Les profils pédagogiques, Bayard, 1re éd., 1980.

Les pédagogies des moyens d'apprendre, Bayard, 1re éd., 1982.

Le dialogue pédagogique avec l'élève, Bayard, 1re éd., 1983.

Comprendre et imaginer, Bayard, 1re éd., 1987.

Tous les enfants peuvent réussir, [en collaboration avec Geneviève Cattant], Bayard, 1re éd., 1988, Marabout, 1998.

On peut tous toujours réussir, [en collaboration avec Élisabeth Tingry], Bayard, 1re éd., 1989.

Défense et illustration de l'introspection, Bayard, 1re éd., 1989.

Pour une pédagogie de l'intelligence, Bayard, 1re éd., 1990.

La motivation, Bayard, 1re éd., 1992.

Réussir, ça s'apprend, [en collaboration avec Daniel Arquié], Bayard, 1re éd., 1994.

À Dieu, le dernier mot (contes et récits), Siloé, 1994.

Les études doctorales, [en collaboration], l'Harmattan, 1995.

L'intuition, Bayard, 1995.

Critique de la raison pédagogique, Nathan, 1998.

Apprendre sans peur, Chronique Sociale, 1999.

Les grands projets de nos petits, Bayard, 2001.

Comprendre les chemins de la connaissance, Chronique Sociale, 2002.

Plaisir de connaître - Bonheur d'être : une pédagogie de l'accompagnement, Chronique Sociale, 2004.

Le sens de Dieu chez Spinoza et Teilhard de Chardin : son évolution, Aubin Éditeur, 2005.

Renforcer l'éveil au sens – Des chemins pour apprendre, Chronique sociale, 2006.

La plupart de ces ouvrages ont fait l'objet de traductions.

Apprendre sans peur

« Il n'y a point d'autre peur, à y bien regarder,
que la peur de la peur. »

Alain, *Éléments de philosophie*.

Avant-propos

Les chapitres qui suivent ont pour but de **promouvoir des pédagogies de la liberté** qui délivrent l'être humain de la peur.

Le *premier* en situe le prix : l'homme n'échappe au vertige de la peur qu'en décidant de n'en être pas le prisonnier.

Le *second* met au service de la liberté de l'être humain les ressources de sens dont elle peut se prévaloir pour atteindre ses fins.

Le *troisième* est constitué par une série de pensées ou maximes, qui s'adressent à toutes les consciences aux prises avec la vie.

Le *quatrième* entend prouver qu'il n'est pas nécessaire, contrairement à la thèse d'Épicure, de recourir au matérialisme pour échapper à la peur de Dieu. Si l'on s'avise, enfin, que Dieu est et ne peut être vis-à-vis de l'homme que pédagogue, même et surtout s'il est son créateur, on peut croire en son existence sans être saisi de terreur.

Peur et éducation

La peur joue un rôle considérable dans la vie quotidienne de l'être humain. y a-t-il même un jour où il n'aura pas affaire à elle ? Quel sens faut-il lui donner ? Dès qu'on prononce son nom, l'idée qu'elle suscite dans l'intelligence est celle d'une épreuve pénible dont il est urgent de sortir. Avoir peur, c'est vivre une émotion, c'est-à-dire un **état violent de déséquilibre qui atteint autant le corps que l'esprit,** provoqué par la menace d'un danger. L'émotion va jusqu'à l'évanouissement, voire pire : ne dit-on pas « mort de peur » ?

La peur peut-elle avoir un rôle dans l'éducation ?

Une telle définition devrait suffire pour que l'on estimât indispensable de tenter d'éliminer les causes de la peur. Loin que ce projet soit acquis, c'en est un autre qui est de sens contraire dont on fait usage : on se sert de la peur pour exercer des pressions sur des individus ou sur des groupes afin de faire triompher ses vues ou ses intérêts et même comme moyen éducatif ou pédagogique pour corriger ou amender des rebelles, pour éveiller les inertes et secouer les paresseux… Il n'est pas excessif d'affirmer que la peur est un élément qui est intégré aux rouages de la société pour y jouer un rôle, dont certains pensent qu'il est nécessaire.

Une intention louable ?

Créer une situation de peur pourrait donc provenir d'une intention louable : pour l'éviter, l'individu cultiverait des vertus que, sans sa menace, il ne s'efforcerait pas de conquérir. Examens, concours, compétitions provoquent des **rivalités,** dont résultent des performances utiles au progrès. En fêtant les vainqueurs par des promotions, on fait honte aux vaincus. La peur de faire partie de ces derniers galvaniserait les énergies et inciterait à se dépasser. Soumettre au jugement de la hiérarchie et de la compétence le professionnel en poste fait également partie d'un programme d'organisation d'où la peur n'est pas exclue : magistrat, policier, inspecteur, ingénieur, chef d'atelier, etc. peuvent, s'ils le veulent, user de son pouvoir. Le

Capitaine Conan de Roger Vercel[1] ne disait-il pas : « Nous sommes deux à trois mille qui avons gagné la guerre ?[2] Comment ? En flanquant la trouille à des millions d'hommes. »[3]

En 1945, je venais d'être chargé de l'enseignement de la philosophie dans un établissement secondaire de la région parisienne ; le collègue, auquel je succédais, me donna ce conseil : si vous voulez avoir la paix avec vos élèves, choisissez parmi eux l'un dont la tête ne vous revient pas. Sous un prétexte quelconque, humiliez-le devant tout le monde. Pour ne pas être accommodés à la même sauce, ses camarades se tiendront tranquilles. L'intention, dans ce dernier cas, n'est pas du tout louable. Mais qu'elle ait pu s'installer dans la conscience d'une personne pourvue d'une autorité sur d'autres est significatif de l'usage que l'on peut faire de la peur pour **satisfaire ses commodités,** sans que la société y fasse le moindre obstacle !

L'intention qui a la peur dans son programme est-elle jamais louable ? L'émulation a-t-elle vraiment besoin d'elle ? Est-elle le passage obligé pour échapper à la servitude des vices de toute espèce ? C'est parce que nous estimons que la peur n'est jamais une solution opportune que nous écrivons ce livre et que nous avons cherché à **promouvoir des « pédagogies » qui permettent d'en faire l'économie.** Loin que les individus et les sociétés aient à se plaindre de son élimination ou, du moins, de sa raréfaction, ils auront lieu de s'en féliciter. Pourquoi ?

La peur n'est jamais « bonne » conseillère

Nous avons deux raisons à faire valoir, dont l'une trouve son fondement dans l'autre. Quand on y regarde de près, on s'aperçoit que ce n'est pas la peur qui détermine un effort de dépassement ou de redressement. Ensuite, pour peu qu'on se demande pourquoi la peur ne peut d'aucune manière jouer de tels rôles, on découvre qu'elle est toujours une **forme de fuite de la liberté.** Étudions chacun de ces points.

Est-ce la peur de faire partie des vaincus, qui vraiment provoque l'énergie pour éviter une telle éventualité ? Nous ne saisissons rien, dans ce qui en constitue le sens, qui autorise une telle interprétation. La peur incitera l'individu à se donner de « bonnes » raisons pour ne pas concourir, à se mettre à l'abri de la défaite, non pour une recherche de victoire, mais par un savant camouflage de sa fuite… En revanche, l'affrontement de la concurrence, la volonté de la performance trouveront leur éveil dans des motifs différents

1. Prix Goncourt 1934, Albin Michel.

2. Celle de 1914.

3. Conan commandait un corps franc, qui ne travaillait qu'à l'arme blanche !

mais bien spécifiques : les uns viseront à se dépasser eux-mêmes parce que l'idée d'un progrès personnel les motive, les autres à vaincre leurs concurrents parce que l'idée de la lutte les stimule. Finalement, loin que ce soit la peur de l'échec qu'il faille faire intervenir, on se rend compte que le « stimulus » provient d'une volonté animée par une exigence de progrès dont on fait un idéal autant pour autrui que pour soi. Quand la conscience n'a plus d'autre interlocuteur que « sa » propre peur, elle cède à ses assauts. Alors que si elle décide de se donner un objectif, elle garde la maîtrise de l'événement. Charles 1 demanda au bourreau de ne le frapper de sa hache que lorsqu'il étendrait les bras, au terme de la dernière prière qu'il adressait à Dieu. Appelons recordman celui qui s'efforce de se dépasser et compétitif celui qui se donne des concurrents et s'ingénie à en triompher. En accordant à la peur un rôle positif, on cède en fait à un préjugé, que nourrit un sadisme latent, qui lui-même est alimenté par des peurs savamment refoulées.

Son rôle dissuasif

Sans doute estimera-t-on qu'à défaut de jouer un rôle positif dans le dépassement des élites, à tout le moins empêchera-t-elle les méchants de nuire, voire suscitera-t-elle leur redressement. Gardons-nous d'illusion. Laissons de côté la force dissuasive de la sanction par l'effet qu'elle produit sur autrui, qui apprend à quoi il s'expose : la terreur que les planches d'organes peuvent inspirer au buveur ou au fumeur, celle que la peine de mort ou la prison à perpétuité donneraient à éprouver au criminel en puissance... Admettons que les sanctions punitives que prévoit la loi aient une valeur dissuasive..., mais nous refusons de leur reconnaître un sens éducatif ou pédagogique. La peur reste un **simple conditionnement.** Elle ne débouche pas sur des options positives.

La peur ne construit jamais rien

Prise comme telle, c'est-à-dire comme force dissuasive pure, dont le seul but est de provoquer un état de peur, elle ne détermine pas une action personnelle de détachement vis-à-vis des mauvaises habitudes ou des tendances perverses. Celles-ci sont là latentes mais qui n'attendent qu'une occasion de renaître. La conscience elle-même se met de la partie pour étouffer la peur de ces sanctions soit en en minimisant la portée, soit en s'ingéniant à trouver les moyens d'y échapper. Il n'y aura détachement du mauvais que s'il y a une sensibilité déjà en action pour des conquêtes positives. Notre expérience d'enseignant nous a appris que l'élève insupportable, d'une agressivité destructrice avait toujours **besoin d'être rassuré.** C'est la peur qui est son démon et non, comme certains le pensent, son ange gardien.

La peur, moyen de fuir sa liberté

Nous en venons maintenant à la seconde raison. La peur agit comme une raison qu'on se donnerait pour pouvoir fuir une situation dont on ne veut pas. Or, **la peur est l'écran que l'homme met entre lui et sa liberté.** Sartre dans *L'Esquisse d'une théorie des émotions* a donné une interprétation tout à fait suggestive dans le cas d'un évanouissement. Il n'hésite pas à affirmer que la personne, en fait, choisit de s'évanouir parce que c'est pour elle le moyen de n'être pas présente à une situation qu'elle ne veut pas assumer. Cet évanouissement lui servira d'excuse sous cette forme : voilà, j'ai voulu lui porter secours. Et puis, malheureusement, mes forces m'ont abandonné et j'ai perdu – bien malgré moi, n'est-ce pas ? – conscience. Alain, qui fut le professeur de Sartre au Lycée Henri IV, disait, en somme, la même chose aux élèves qui se plaignaient de perdre le contrôle d'eux-mêmes lors d'une épreuve d'examen : tant pis pour vous, puisque c'est ce jeu-là que vous avez décidé de choisir… Ces élèves ne vont pas, le plus souvent, jusqu'à simuler l'évanouissement ; ils se contentent de paraître émus, c'est-à-dire de s'animer de peur, de l'incanter comme magiquement, pour obtenir l'apitoiement du juge… Mais leur maître n'est pas dupe et il les renvoie à leur responsabilité.

Se servir de la peur pour échapper à l'échec…

Si la peur est l'écran que l'homme place entre lui-même et sa liberté, on peut constater que cet écran fonctionne très bien, qu'il est solidement installé, répondant parfaitement à l'appel qu'il lui adresse. Par peur d'un échec, il alléguera soit ses limites personnelles, son tempérament, sa santé, soit, s'il doit affronter autrui, l'incontestable supériorité dont celui-ci dispose, qui rend inutile la confrontation… ! En fait, c'est l'orgueil et la vanité qui sont en cause : il préfère se dire vaincu à l'avance en raison de ses faiblesses personnelles ou de la supériorité d'autrui… Il pourra ainsi et s'illusionner lui-même et duper autrui sur ses vrais motifs, en faisant passer pour de la modestie, ce qui n'est, au bas mot, que de la peur. **La peur a donc pour but, non de demeurer peur, mais celle de nous faire fuir la liberté.** Preuve en est que lorsque le prévenu, l'élève se rendent compte qu'auprès du juge ou de l'examinateur le jeu de la peur est en train de réussir, ils ne l'éprouvent plus, mais ils en maintiennent les signes extérieurs utiles… On objectera qu'en jouant la peur, le prévenu, l'élève assument à leur manière leur liberté, puisqu'en définitive, ils ont une option bien déterminée : celle d'apitoyer leur censeur. Se sentant dépassés par les événements, ne pouvant pas utiliser les arguments du savoir et ceux de la vérité, ils n'ont plus qu'un moyen de s'en tirer, c'est de provoquer le sentiment favorable chez leur interlocuteur. Ils s'y emploient donc. Si c'est avec cette intention qu'ils ont adopté ce comportement, nous serions d'accord pour y reconnaître un **engagement de liberté.** Mais il faut dire que, dans ce cas, la peur n'est vraiment qu'un jeu, que ceux-là qui l'utilisent le font en connaissance de cause, dans un but déterminé, pour une épreuve précise. Nous sommes dans un usage cynique de la peur. Mais, le plus souvent, ce n'est pas ainsi qu'elle est vécue. Ce qui est visé, c'est d'échapper à ses responsabilités en se cachant derrière la peur elle-même dont on se rend victime. Donnons un autre exemple que nous emprunterons à Sartre et dont nous prolongerons l'analyse.

Par peur, rendre autrui responsable... à sa place

Dans *L'existentialisme est un humanisme,* Sartre rapporte le cas d'un jeune homme qui, sous l'Occupation, vint lui demander conseil parce qu'il hésitait entre rester en France auprès de sa mère malade ou partir en Angleterre pour y rejoindre les Forces libres. Sartre lui répondit qu'il avait à être lui-même, que c'était à lui de faire son choix. Commentant son conseil, Sartre précisait que « les dés sont pipés » puisqu'en fait, on n'est jamais sans connaître les options du conseilleur, on sait ce qu'il va dire. Pourquoi, alors, aller le voir ? C'est là que nous retrouvons le rôle d'un écran protecteur qui serait toujours ce que la peur vise à s'assurer pour que soit cachée la responsabilité de la liberté. Imaginons notre jeune homme en Angleterre. Supposons qu'il apprenne que sa mère vient de mourir dans une solitude désespérée. C'est pour prévenir une situation de ce genre qui lui « faisait peur », qu'il aspirait avidement à un conseil allant dans le sens de son désir... En effet, la mauvaise nouvelle rencontrerait dans sa conscience l'écran du conseil reçu qui le dédouanerait de l'engagement de sa liberté. La peur trouve sa fin dans la réussite d'une fuite. Son sens est : découvrir un moyen **d'échapper à la responsabilité de la liberté.** Elle est fuite de la liberté ; et elle demeure tant que le chemin de fuite n'est pas trouvé. On peut même dire qu'il faut entretenir ce climat pénible de peur, parce que c'est en lui et par lui que l'intuition du chemin se laissera apercevoir. C'est dire que **la peur a ses finalités dans le sens diamétralement opposé aux exigences pédagogiques et éducatives,** dont l'essence est de promouvoir la responsabilité libre de l'homme.

Pourquoi fuir sa liberté ? Peur et angoisse

D'où peut provenir cette fuite devant la liberté ? De la connaissance elle-même de la liberté. Quand on la regarde en face, on apprend d'elle qu'on ne saurait se soustraire à sa loi sans renoncer à être soi-même, c'est-à-dire l'auteur de ses actes. Dans un autre langage, il faut dire : reconnaître qu'on est responsable, qu'on a à donner les raisons de ses actes, qui ont à être des « choix »... La connaissance que l'éducateur me communique de ce qu'est et doit être la liberté me fait prendre conscience qu'en effet je suis libre, j'ai à l'être, je dois l'être. D'où, pour certains hommes, sinon pour tous, un dilemme : vais-je prendre le risque d'être l'auteur de ma vie, d'accepter ce qui m'échoit ou me réfugier dans une fuite qui me permettrait d'oublier cette indiscutable exigence ? Mais pourquoi fuir ? Pourquoi refuser d'agir librement ? C'est qu'on devra **assumer les conséquences de ses choix.** On ne pourra pas s'abriter derrière autrui ou ce qu'on appelle le destin... On éprouve devant cette perspective inéluctable une forme de peur, dont on peut affirmer qu'elle est la **vraie peur,** c'est-à-dire avoir conscience qu'on aura à **répondre de ses actes et de ses pensées...** La peur qui oblige à reconnaître qu'on n'aura aucun recours. C'est moi qui agis, qui fais cela... et qui suis libre, pleinement. J'ai à m'incliner devant ce constat : il dépend de moi et uniquement de moi d'agir ou non... Et le « ne rien faire » est encore et toujours mon choix ! La peur alors vécue ayant pour cause intime la conscience de la liberté s'appelle **angoisse.** Elle est intrinsèquement liée à la conscience de sa liberté ; elle n'est pas extrinsèque comme la peur, communément entendue qui est peur de... quelque chose ou de... quelqu'un. L'angoisse, c'est la prise de conscience par l'homme de ne pas pouvoir éviter d'avoir à se jeter dans le fleuve de la liberté.

La société, en rendant l'homme dépendant d'elle, ne l'a-t-elle pas détourné de sa liberté ?

Pourquoi la responsabilité que le sentiment de liberté révèle à la conscience déterminerait-elle l'angoisse ? Des réponses viennent, tout de suite, à l'esprit. En droit pénal, il n'y a culpabilité, que s'il y a eu intention. Il n'y a liberté que s'il y a intention. En se reconnaissant libre de ses actes, on se compromet vis-à-vis d'une instance qui recherchera si, au moment de l'acte, elle peut faire la preuve qu'il y a eu intention, donc liberté. Toute la morale chrétienne, et spécialement catholique, est fondée sur la reconnaissance de l'intentionnalité de l'acte, qui détermine la gravité de la faute... La transformation de l'angoisse en peur s'expliquerait par des causes sociologiques et culturelles. Mais ce n'est pas aller assez loin. Ces causes sociologiques ou culturelles ont, elles aussi, à être fondées. On peut dire qu'en brandissant des menaces de punition, en les exécutant, elles vont dans le sens qui poussera le sujet à fuir son angoisse en entrant dans la peur comme moyen de « s'en sortir ». Est-ce légitime ? Avant même de s'interroger pour répondre à cette question, il convient de se demander pourquoi la société, les institutions religieuses ont établi un tel rapport de responsabilité entre la liberté et ses actes. On pensera qu'il n'est à faire intervenir pour l'expliquer que du bon sens : on n'est responsable que si l'on est libre ; on ne peut être sanctionné que si l'on agit librement. On accentuera le bien-fondé de cette affirmation en montrant que la société en général doit son progrès à l'établissement d'une morale qui en a fait son principe. Elle aurait pu établir que c'est lorsque l'homme agit bien qu'il est libre et qu'il est déterminé dans le cas contraire. Au lieu d'avoir un magistrat instructeur ou un confesseur qui s'efforcent de déceler la part de responsabilité des « mauvais » choix, on peut les imaginer au service de la cause opposée. Cette hypothèse, que nous proposons en contre, pourra paraître un peu simpliste. Elle a pour but de montrer la validité d'une pédagogie positive de la liberté.

Mais la liberté n'est-elle pas un danger... ? La société dresse des lois

Sans doute y a-t-il eu, de la part des législateurs, le souci de mettre à l'abri, autant la société que les individus, des dangers que feraient courir les fantaisies d'imprévisibles libertés. Le bien, le vrai étant ce que la société détermine par des lois ; le mal, le faux : le fruit de coupables initiatives individuelles. L'éducation de la liberté consistant à faire acquérir des réactions d'obéissance, de soumission à l'ordre établi, l'art d'argumenter pour en justifier le bien-fondé. Il n'est pas surprenant que, dans ces conditions, un acte libre soit, pour reprendre une expression de Bergson, « chose rare ». À quels risques s'aventure celui qui s'engage dans le chemin solitaire de son initiative ?

Pourquoi la société s'est-elle faite complice de la fuite de l'homme devant l'angoisse ?

Ce n'est donc pas en recourant aux institutions de la société que nous trouverons la réponse à cette question. Nous sommes tenté de dire que la société elle-même s'est faite complice de l'homme pour justifier son **refus de l'angoisse et sa fuite dans la peur.** Alors, la question est à poser à l'homme lui-même : pourquoi, rencontrant ta liberté, éprouves-tu de l'angoisse ? **Qu'y a-t-il dans la liberté qui soulève l'angoisse dans ton cœur ?** Montaigne apporte à ces questions une profonde réponse qu'il a fortement exprimée :

« La préméditation de la mort est préméditation de la liberté. »[4] Il y a un lien, dont on peut dire qu'il est vivant entre l'expérience de la liberté et celle de la mort. Se rendre compte par une intuition tout à fait propre que l'acte que l'on s'apprête à faire dépend de soi et uniquement, que les conséquences qui en résulteront ne le seront qu'en raison de ce que sera cet acte, cela implique qu'il ne repose sur rien d'autre que sur lui-même, qu'il est précédé, entouré, suivi par rien d'autre que lui-même, que, de par cet acte ou de par le refus de cet acte, l'être sera ou ne sera pas ; que cet acte relève d'une origine qui se dit moi, qui se rencontre étrangement avec elle-même pour être ou ne pas être, sans rien qui l'assure de pouvoir être encore demain, sans rien qui lui prouve qu'elle ait toujours été. La liberté est vécue comme le pouvoir d'être… mais ce pouvoir d'être est ressenti comme une force dont on n'est pas le propriétaire. On a le sentiment qu'elle n'est que « prêtée », qu'elle peut être ôtée à tout moment. La mort habite la conscience de la liberté. D'où accepter d'être libre, d'agir librement, c'est obligatoirement **consentir à vivre en bon voisinage avec l'idée de sa propre mort.**

Lien indestructible et à reconnaître : savoir qu'on est mortel et penser qu'on est libre

Il y a, en effet, deux exigences qui font partie de la destinée de l'homme : c'est la mort et la liberté. Montaigne observe, avec sa sagacité habituelle, que l'homme qui envisage l'échéance inéluctable de sa propre mort, et qui en fait l'objet de sa réflexion, est mis conjointement en face de sa liberté. Un destin auquel il n'échappera pas, et qui peut le frapper à tout moment. Une destinée qui dépend de lui et qu'il a à faire être à tout instant de chaque jour. Montaigne estimait qu'il devait donner au présent de sa vie le sens le plus riche, le plus dense, autant pour son épanouissement personnel que pour celui d'autrui, en pensant toujours qu'il se pouvait qu'il fût le dernier… C'est la mort qui te rappelle que toi, homme, tu as à donner sens à ta vie, donc… à **être libre.**

La peine de mort comme raison sociale ne doit pas faire oublier l'échéance inéluctable pour chacun de sa propre mort

On conçoit que la société ait pu mettre ses institutions au service de l'homme fuyant l'angoisse de sa liberté en lui procurant, et même en les multipliant, des « raisons » d'avoir peur. Un exemple est à ce sujet tout à fait significatif,

4. Montaigne, *Essais,* « La Pléiade », Gallimard, 1962, p. 85.

c'est celui de la peine de mort. Pour l'opinion courante, elle aurait pour but soit d'exercer un pouvoir dissuasif, soit de venger des consciences meurtries, soit d'infliger une sanction qui soit proportionnelle à la méchanceté de l'acte commis. Laissant pour le moment l'examen de ces arguments, penchons-nous sur une possibilité causale qui, peut-être mieux que toutes celles qu'on évoque pour la justifier, pourrait fournir l'explication la mieux fondée de son origine. La peine de mort n'est-elle pas le moyen le plus subtil inventé par la conscience de l'homme pour se délivrer de l'angoisse de la mort et de son exigence de liberté ? En objectivant « la peine de mort » dans une structure sociale, elle cesse d'être présente dans la conscience de tout un chacun comme la peine capitale de l'existence pour n'être plus qu'une sanction sociale qui atteint autrui mais jamais soi. Oui, la peine de mort décrétée socialement est le rideau que l'homme met entre lui et sa condition d'être mortel. Hasardons· ici une hypothèse : la peine de mort, inscrite dans la législation de certains pays, n'aurait pas pour seuls buts de punir et de dissuader, elle inciterait à oublier sa propre mort en faisant de la mort une sanction qui frappe autrui et qui, finalement, n'est plus qu'une échéance sociale. La peur acquiert, alors, une sorte de légitimité : on doit avoir peur de mériter la mort sociale. À partir de ce « devoir » d'avoir peur, toutes les peurs ont leur justification, qui deviennent autant de raisons d'échapper à l'exigence de la liberté, dont l'angoisse réveillerait « l'inévitabilité » de la mort. L'ordre social s'est fait complice de la conscience de l'homme voulant échapper à sa finitude et, en raison de cela même, à sa liberté. Dès lors, on ne doit pas non plus s'étonner que la législation des sociétés ait soigneusement mis l'accent sur l'ordre à respecter plutôt que sur les initiatives à promouvoir et à reconnaître. La Déclaration des droits de l'homme et du citoyen (1789) ouvrait la voie pour l'établissement d'une société, qui reconnaîtrait les exigences de la liberté. Mais il fallait aussi que les implications de celle-ci soient acceptées : oui, la liberté ne méditera jamais assez la mortalité qui la fonde. c'est pourtant sur ce point précis, inaliénable, qu'elle y découvrirait son éthique : **le choix de la liberté de celui qui se sait mortel s'humanise et rencontre autrui.**

La réponse à la conscience de devoir mourir... : l'acte libre

Et si le bruit produit une émotion, c'est qu'il est ressenti par la conscience comme constituant un danger. Fondamentalement, la conscience qui ne se cache pas sa liberté ne peut que se rendre compte qu'il ne dépend pas d'elle d'être, de vivre, que cette liberté lui vient d'un pouvoir d'être... dont elle bénéficie mais sans être assuré qu'il lui est acquis à jamais.

C'est pourquoi elle peut préférer faire dépendre ses actes de la responsabilité d'autrui ou du destin, car elle y trouve l'avantage d'oublier que la mort peut l'atteindre à tout instant. En allant chercher son pouvoir-être en dehors d'elle-même, elle peut se donner à croire qu'il y aura toujours quelqu'un ou quelque chose pour répondre à son appel…, lui épargnant ainsi de se rendre compte qu'elle est mortelle. La peur de ce qui est en dehors d'elle, elle peut en imaginer la pérennité comme un ultime recours qui la sauve de ce que l'angoisse de la liberté lui révélerait comme étant inévitable : sa mortalité !

Nous dirons : il y a des peurs et l'angoisse. Celles-là ne sont que des moyens d'échapper à sa condition d'homme. L'avantage des « peurs » de ceci, de cela, permettrait de s'éviter d'assumer le sentiment d'avoir à mourir. Ces peurs étant toujours un événement auquel on peut échapper, vis-à-vis duquel on n'est pas sans recours, même au prix d'un évanouissement, qui est une façon de passer à travers… L'angoisse est le sentiment fondamental que l'être humain a à vivre dès qu'il accepte sa condition d'être libre. Et si ce sentiment a forme d'angoisse, donc se caractérise par un vécu terrible, c'est qu'il exprime la vérité de cette condition humaine, à savoir le lien intime de la liberté et de la mort. C'est parce que l'homme est mortel, qu'il a conscience de l'être, qu'il est libre. C'est là une vérité cachée : **sans conscience de sa mortalité, l'homme ne peut pas avoir conscience de sa liberté.** Ce qu'il faut que l'homme comprenne, c'est qu'en assumant son angoisse, il se sauve des peurs et vit la liberté.

L'éducation de la liberté selon Rogers

Le passage de la peur à l'angoisse ne se fait pas aussi facilement que le laisse supposer la conclusion du chapitre précédent. Une étape intermédiaire est souvent vécue, parfois étouffée, dont le sens est capital, parce que sa prise en considération aide à mieux comprendre la peur elle-même et parce que, grâce à l'éclairage qu'elle apporte, des moyens de n'en être pas la victime se laissent discerner.

Entre la peur et l'angoisse : la frayeur

La frayeur se situe entre la peur et l'angoisse. Elle est le sens que prend la peur lorsque celle-ci rencontre le sentiment de liberté. Il se peut, en effet, que, dans un premier temps, la peur ne soit que peur d'un danger, c'est-à-dire que la conscience qui la vit n'y trouve aucun autre sens. Si la conscience du danger éveille le sentiment de liberté, le choix entre céder à la peur ou accepter la liberté et son angoisse ne va pas se poser de cette façon, formelle et simple. La frayeur en caractérisera le moment. Pourquoi ?

Le guetteur qui crie l'appel aux armes

L'étymologie nous aidera à en trouver la raison. Effrayer veut dire « sortir de la paix, de la tranquillité ». Dans les villes d'autrefois, il y avait la tour, nommée beffroi qui contenait la cloche que le guetteur devait faire sonner lorsque l'ennemi se dessinait à l'horizon. La frayeur est l'effet que produit le son de la cloche d'alarme, qui signifie qu'il faut prendre les armes, c'est-à-dire sortir de sa paix, de sa tranquillité. Dans le contexte qui est celui de la conscience, nous dirons qu'il s'agit de l'invitation à **s'armer de sa liberté pour prendre en main l'événement,** en se refusant à en être la victime.

La frayeur se situe à la croisée des chemins entre la peur et l'angoisse. Elle est le vécu d'un dilemme émotionnel : l'abandon à la peur ou l'acceptation de l'angoisse qui est le climat dans lequel la liberté se découvre à elle-même. Ne faut-il pas qu'elle s'interroge pour savoir ce qu'elle veut, ce qu'elle ne doit pas vouloir, ce qui lui permet d'être elle-même, c'est-à-dire authentique ? Or, la situation dans laquelle se vit ce dilemme n'est pas neutre. Les sociétés dans lesquelles nous sommes ont pratiquement toutes utilisé, à un degré extrêmement élevé, l'argument de la peur pour faire respecter leur législation. Il en résulte que ce dilemme est généralement vécu par les consciences avec une forte propension à céder à la peur. Le manque d'information, une éducation nettement insuffisante, pour ne pas dire absente, concernant la liberté en sont les causes.

Compétence et liberté

Aller chercher chez un psychothérapeute les principes d'une liberté sans aliénation peut paraître une gageure. Même si son but est de délivrer son patient des fantasmes qui l'accaparent, il n'en reste pas moins qu'il est lui-même dépendant d'une culture, d'une formation, d'une expérience thérapeutique, qui limite le champ de sa liberté. Est-ce auprès de quelqu'un dont l'action est inspirée, guidée, régie par des compétences qu'on peut espérer trouver l'idée d'une liberté affranchie de tutelles... ?

Il ne faut pas que la compétence aliène la liberté

L'idée d'une liberté sans dépendance pourrait choquer le moraliste, qui diagnostiquerait dans ce programme une politique du laisser-faire, du laisser-passer. Il est donc indispensable de préciser que nous parlons d'une **liberté sans aliénation,** ce qui signifie l'affranchissement, non de ce que la liberté se doit à elle-même, mais, exclusivement, de la peur dont elle se prévaudrait pour se dispenser d'avoir à être elle-même. Donc, toutes les exigences morales dont la conscience d'une liberté a à se recommander ne sont en rien menacées par cette revendication d'indépendance.

Un climat culturel spécifique à la thérapie rogérienne

C'est dans le climat d'une culture philosophique où l'action l'emporte sur la théorisation que Rogers a eu à confronter les principes d'une méthode d'exploration de l'inconscient où le goût de l'action inspire les réflexions.

Il n'est pas question de nier que les clients de Rogers ont un passé individuel qui les a marqués, dont ils sont souvent avides de parler, mais le pragmatisme régnant dans leur mentalité oriente les pensées beaucoup plus vers des solutions par l'action que par des analyses critiques du passé. En Europe, on a tendance à se poser cette question : qu'ai-je à penser du passé ? Aux États-Unis, c'est plutôt celle-ci : que puis-je faire de ce passé ? On vogue, avec lui, vers de nouvelles terres. Il est possible, en effet, **d'aller chercher le sens de son présent soit dans le passé, soit dans l'avenir.**

La pratique de la thérapie rogérienne est telle qu'elle permet au patient de prendre conscience de ses projets, de ce qu'il aspire à dire, à faire et à être. Il en résulte qu'il n'est pas hanté par le souci de mieux comprendre son passé au point de tenter de l'analyser indéfiniment.

Au cœur du complexe, une volonté d'être dont il faut retrouver le sens...

Rogers ne met pas l'accent dans ses cures sur le « refoulé », sur tout ce qui, dans le dire de son patient, apparaît sous des formes travesties. Il a mieux à faire qu'à interpréter des « lapsus » ou des actes manqués. Il recherche à travers le dit, non pas le refoulé, mais ce qui, en lui, est **exigence de liberté,** volonté actuelle de sens, mais qui demeure implicite. À l'inverse de la procédure analytique en honneur dans l'école freudienne, le rogérien estime que son patient analysera le problème que lui pose son inconscient après qu'il aura effectué la synthèse des moyens grâce auxquels sa propre liberté lui en aura procuré la solution. Cette révolution copernicienne doit être très fortement soulignée pour que lui soit donné tout son prix.

Lorsque Rogers reformule le « dit » de son patient, c'est pour ouvrir le champ à sa parole : « Mais oui, tu as droit à la parole et, ce droit, s'il t'est donné c'est pour exprimer, au sens fort : se libérer, par le dire, ce que tu vis, ce que tu veux, ce à quoi tu aspires. C'est pourquoi, moi qui t'écoute, je tiens à te reconnaître ce droit et, pour cela, je m'efforce de comprendre pleinement, sans restriction, sans arrière-pensée, le sens de tes paroles. Et quand je dis le sens, entendons-le englobant non seulement celui de la raison mais aussi celui de la sensibilité. » Encouragé par cette invitation, le patient va persévérer sur sa lancée. Oui, Rogers, ponctuant les sinuosités du sens qu'il découvre à travers le langage de son patient, va même jusqu'à en accentuer les modulations, de telle sorte que rien n'en demeure dans l'ombre. Le patient est ainsi rassuré puisqu'il se rend compte tout au long de la réexpression qu'opère Rogers qu'aucune place n'est laissée à une interprétation sous-jacente. **C'est non pas « juger » qui est l'exigence de Rogers mais « comprendre ».**

Que faut-il utiliser ? La peur de soi du patient ?

Est-il utile d'ajouter tant cela est banal que, lorsqu'on a recours à un psychothérapeute, c'est que l'on a sur quelques points toujours quelque peu peur de soi ? Le sens même de ses propres gestes, de ses paroles, on n'ose pas les affronter. Cette mise en retrait de soi parce qu'on se fait peur qualifie le vécu de conscience du patient initialement. Le psychanalyste européen a pensé qu'il lui fallait exploiter cette peur pour permettre à son patient de s'en sortir, en le contraignant à la vivre jusqu'au bout, de telle sorte que, ne pouvant pas aller plus loin, elle le frappe de face, pour qu'il la regarde en face et en soit délivré. L'Américain Rogers estime, lui, que la mise en retrait de soi pour cause de peur s'accentue, chez le patient, lorsqu'il pénètre dans le cabinet du consultant qu'il s'est choisi. Quel est alors le devoir de ce dernier ? Utiliser l'aggravation du symptôme en jouant de son autorité ou, au contraire, se détourner résolument de ce genre de technique ?

L'exigence de liberté qui se cache derrière ?

Rogers estime qu'il doit rassurer son patient pour une raison qui a autant de valeur éthique que technique. Le « soi » de celui qui vient le consulter ne doit pas être enfermé dans la peur. S'il n'ose pas se manifester, c'est qu'il est hanté par le sentiment de son infériorité, de son ignorance, de ses faiblesses, ce qui le contraint à demander l'aide d'un psychothérapeute. Or, Rogers estime, à juste titre selon nous, que son patient se tromperait s'il attendait pour affirmer sa liberté d'être libéré de ses complexes. C'est tout le contraire. Il en résulte que Rogers axe le dialogue avec tous ses patients sur les **ressources de leur liberté** pour qu'ils en fassent moisson en pensant à les utiliser autant pour le meilleur que pour le pire. Ils seront, alors, d'eux-mêmes, en temps opportun, en mesure d'affronter les situations de leur vie qui leur font le plus mal. Nous sommes aux antipodes d'une thérapie où la peur aurait sa place.

Ne jamais utiliser la peur pour assurer son pouvoir sur autrui

Nous avons, dans le chapitre précédent, montré que la société utilisait la compétence pour mettre ses populations en tutelle de peur. Nous citions le magistrat, le policier, l'inspecteur… Le médecin fait partie du lot d'une façon quasi exemplaire. La pièce de Jules Romain, Knock, montre comment un médecin pourrait s'y prendre pour provoquer un climat de nosophobie dans la mentalité de ceux auprès desquels il exerce son talent. Encore Knock ne fait-il que de la médecine générale. Mais, psychothérapeute, n'est-ce pas mieux encore ! Il n'aura pas besoin de la planche d'un organe pourri pour faire peur. C'est la peur de la peur qui sera l'objet de ses soins !

Compétence et pouvoir sur autrui

Rogers s'est certainement rendu compte du risque d'aliénation pour le patient que comporte l'image de la compétence médicale ou psychologique, surtout dans le cadre de la spécialité qui est la sienne. Pour y remédier, il ne suffit pas d'avoir l'intention de ne pas abuser de son savoir, de ne pas intimider par un décor un peu trop médical, de ne pas s'enfermer dans le statut de sa fonction. La question qui est en cause n'est pas de simple forme mais de fond.

La participation de la liberté du patient dès le départ de la cure...

Nous retrouvons la préoccupation de Rogers : toute entreprise thérapeutique, qu'elle concerne le corps ou le mental, devrait mettre, au départ de ses interventions, la participation active de la liberté du patient. C'est là une recommandation dont il faut donner les raisons. Il ne s'agit pas de la stricte observance, à l'heure dite, de l'absorption des remèdes. Dans le livre *Guérir envers et contre tout*[5], une équipe de thérapeutes, qui se situent dans la voie que Rogers a ouverte, décrit l'action que développent des patients animés par le projet de guérir : ils imaginent la façon dont les remèdes agissent ; ils s'efforcent de mieux détecter les symptômes de leur mal et s'ingénient à tenter d'en saisir les causes, afin de multiplier les chances de découvrir les moyens de s'en délivrer. Ils luttent en tentant d'exploiter toutes leurs ressources et le thérapeute se met à leur service, prenant sérieusement en compte les fruits de leurs observations et de leurs réflexions. Ils ne voient pas en lui le magicien, détenteur de pouvoirs secrets, auquel ils auraient à se soumettre aveuglément. Rogers s'était rendu compte que le prestige accordé par le patient au médecin risque de tourner à la fascination. L'effet qui en résulterait serait la peur vécue à travers des questions de ce genre : ai-je bien pris mon médicament à l'heure prescrite ? Ne me suis-je pas trompé en le dosant ? N'ai-je pas oublié d'informer le médecin de ce que j'ai éprouvé l'autre soir ? Le patient sombre dans un état de peur obsessionnel.

Ne pas s'identifier à sa compétence... sinon abus de pouvoir et aliénation de la liberté

L'originalité de Rogers a été de penser que son patient ne succomberait pas à la peur dans la relation qu'il établirait avec lui, si lui-même, thérapeute, cessait d'être, si l'on peut dire, la proie de sa compétence. Voilà qui paraîtra paradoxal et, à la limite, une gageure impossible à tenir. Généralisons : imaginons le médecin ignorant la médecine, le policier et le magistrat la loi, l'inspecteur le programme, le chef d'atelier le geste à faire ! Le prix à

5. C. Simonton, S. Matthews Simonton, J.Creighton, *Guérir envers et contre tout,* Desclée de Brouwer, 2007.

payer pour sauvegarder une liberté sans peur serait le **consentement à l'incapacité,** à la faute, à l'erreur. Que veut donc dire Rogers lorsqu'il laisse supposer qu'il oublie une si élémentaire vérité ?

Nous avons dit : « la proie de sa compétence », c'est-à-dire que Rogers pense que médecin, magistrat, policier, inspecteur, enseignant, chef d'atelier peuvent être eux-mêmes les victimes de leur compétence. Aliénés eux-mêmes par elle, ils ne peuvent, à leur tour, qu'aliéner ceux sur lesquels ils exercent une autorité. Il y a, entre la mise à l'écart de sa compétence et le fait d'en être la proie un juste milieu à trouver. Où se trouve-t-il ? Son lieu n'est pas aussi facile à déterminer que, de prime abord, on pourrait le penser. On devient la **victime de sa compétence** quand on croit pouvoir tirer d'elle toute la vérité, tout le bien possible. On l'est tout à fait quand on s'y identifie, au point de se mettre au-dedans d'elle pour penser. La compétence n'est plus alors qu'une machine de savoir qui broie tout sur son passage. Il n'y a plus aucune place pour une réflexion et une action de liberté. Il faut donc dire que Rogers demande au thérapeute, au magistrat, à l'inspecteur, etc., non de renoncer à leur compétence, mais de **la mettre à distance d'eux-mêmes.** Cet acte de mise à distance sera celui de leur liberté. Encore convient-il de préciser le sens à donner à cet acte, si l'on veut en déterminer l'efficacité au regard d'une pédagogie de la peur.

Savoir le sens par la compétence

Dans le propos que lui tient son patient, Rogers aura toujours pour projet d'en saisir le sens. Cette remarque, on ne peut plus banale en apparence, est destinée en réalité à triompher d'une confusion qui, elle, est des plus ordinaires. En général, l'homme compétent (ou qui croit l'être) en face d'un autre homme qu'il estime incompétent (quand bien même il ne le serait pas) ne se soucie absolument pas de saisir le sens de ce qu'il lui entend dire, mais se suffit d'en donner un qui sera non seulement le sien mais le seul qu'il prendra en compte, car, à ses yeux, il est le seul à exister... Soumis à ce régime, le mal traité perd toute confiance en son sentiment de liberté, puisque ce qu'il pense, ce qu'il éprouve, ce qu'il juge ou estime être ne sont pas reconnus par son interlocuteur comme ayant le moindre poids de vérité. Il n'a donc pas à penser, même pas à ressentir les événements : tout le sens qu'il peut donner à sa vie est tenu, géré par un autre. Il faut voir que cette forme d'aliénation engendre une peur quasi métaphysique : **c'est le pouvoir être, le pouvoir d'être, qui est interdit d'expression :** Tu n'as droit, lui dit le compétent, qu'à une existence « passive ». Vis mais tais-toi. Tu n'as aucune autre raison de vivre que celle que je puis te concéder... Or, la vie d'un être humain ne s'enferme pas dans le neurovégétatif et l'instinctuel. L'être humain trouve le sens de son rythme vital, de ses besoins dans et par l'expression des désirs, des sentiments et de ce qui les habite : une pensée en marche. Cette expression niée, refusée, annulée par une conscience imbue d'un préjugé de supériorité se change en peur de n'être rien, de n'avoir pas, ou plus, le droit de pouvoir être. Ce mépris puissant prend figure de tentative d'homicide sur sa victime… Et le plus terrible, c'est que ce mépris déployant par son assurance le décor de la légitimité interdit à la conscience qui le subit le droit de pouvoir s'y opposer.

La compétence au service de la compréhension et non l'inverse

Rogers place l'essentiel de son rôle de thérapeute dans l'effort qu'il accomplit pour comprendre tout ce que lui dit son patient. Compréhension qui vise à être exhaustive. Que son patient l'entretienne d'événements qui ne se rapportent pas aux difficultés qui le lui font consulter ou de ceux qui y ont trait, l'exigence est de ne pas simplifier, de ne pas réduire le sens de ses propos mais elle est de diagnostiquer celui positif qui les habite. La règle d'or est celle qui prescrit de s'interroger sans arrêt au cours de l'écoute pour tenter de le dégager : il y a du vrai dans ce qui est dit, mais quel est-il ? Des raisons d'être légitiment ces paroles, mais il faut les découvrir. Le devoir est de s'y employer. Nous avons eu, dans les années 1960, l'avantage de participer à un séminaire dont Rogers était l'animateur principal. Chaque soir, nous visionnions des cassettes d'enregistrement d'échanges de Rogers avec ses patients. Les deux formes d'exigence pour respecter le sens des propos tenus par ses patients nous sont personnellement apparues avec une très grande clarté. Elles apportaient à leur conscience une incontestable sécurité. C'est pourquoi nous croyons pouvoir conclure qu'elles constituaient une mesure pédagogique particulièrement efficace pour **éviter de faire naître ou de développer un climat de peur dans la conscience des personnes** qui se soumettent à une thérapie.

Expérience d'un enseignant

Nous nous sommes interrogé pour savoir ce qui nous avait, personnellement, rendu si sensible à ce respect que Rogers accordait au sens des propos de ses patients et, aussi, ce qui nous avait amené à faire cette distinction entre l'effort pour comprendre, dans les propos, un sens général délié de tout rapport à la compétence, et un autre spécifique qui mettait cette dernière en cause. Or un souvenir nous est revenu à l'esprit. Dans le précédent chapitre nous rapportions le conseil de notre prédécesseur au moment de prendre en charge l'enseignement de la philosophie qu'il allait cesser d'assurer. Il n'était pas question pour nous d'y apporter le moindre crédit. Bien au contraire. Nous avons pratiqué avec nos élèves le dialogue. Un chapitre nouveau était-il à l'ordre du programme que nous nous préoccupions de présenter les questions qui pouvaient venir à l'esprit à son sujet : la mémoire, l'imagination, l'inconscient, le concept, les passions, etc., tous ces grands thèmes lancés dans la vie de la classe ne pouvaient manquer de susciter des réactions de la part des élèves susceptibles d'entraîner ce qu'on appelle des débats d'idées. Or, nous avions décidé de toujours prendre en compte de façon positive le dire des élèves, distinguant en effet ce qui relèverait du simple bon sens de ce qui mettrait en relief une idée philosophique. D'abord quand il s'agirait du simple bon sens, il n'y avait pas lieu de s'en moquer pour en dénoncer la naïveté, mais il fallait **se féliciter de le prendre en considération,** car on ne gagne rien à l'oublier. Ensuite, quand une idée philosophique se trouvait mise en relief, notre projet se présentait alors ainsi : rechercher dans le propos de l'élève l'intuition philosophique qui avait pu le déclencher. Pour cela, quand un élève intervenait, notre projet était toujours dirigé dans le sens de cette question : quel est le grand philosophe qui se retrouverait dans ce que vient de dire cet élève ? Ou, si nous formulons autrement l'intention de cette question, dans quel système philosophique cette remarque aurait-elle sa place ? Disons encore, concernant la distinction entre les propos de simple bon sens et ceux qui recèleraient des dimensions philosophiques, que la plupart du temps nous nous trouvions aux prises avec ceux de la seconde catégorie. Ceux de la première appartenaient à des moments où l'enjeu philosophique n'était pas de la partie : le bonjour, le bonsoir, les commentaires des accidents du jour, quand on a le plus besoin d'avoir recours au bon sens. Quelles conclusions avions-nous pu tirer du point de vue pédagogique de cette façon de comprendre l'échange avec les élèves ? Il est, pour nous, incontestable que nos élèves se trouvaient à l'aise, qu'ils n'hésitaient pas à communiquer leur point de vue. Ils n'avaient **pas peur de parler ;** ils se sentaient **libres d'exprimer leurs pensées** parce qu'ils savaient que leur enseignant n'avait qu'un projet : celui de **comprendre avec eux le sens de ce qu'ils affirmaient spontanément.** Notre expérience se prolongeait. Lorsqu'à travers les propos d'un élève nous découvrions un sens philosophique, qui se rattachait à Platon, à Descartes... ou à un autre parmi les grands de la pensée, nous ne répondions pas directement à ce qu'il venait d'exprimer, nous l'interrogions, à notre tour, en lui demandant s'il ne pensait pas encore ceci et cela. Bien entendu, ces « ceci et cela » étaient des idées du philosophe auxquelles celles qui venaient d'être dites semblaient appartenir... Eh bien, nous pouvons l'affirmer : neuf fois sur dix, cet élève se retrouvait dans toutes les idées de cet auteur et, dans les jours qui suivaient, il s'engageait dans sa lecture. Oui, l'élève n'avait pas peur de ne pas comprendre cet auteur. Pourquoi ? Parce que sa lecture servait le **développement de sa liberté.** Il aurait pu dire que, comme Malebranche lisant le *Traité de l'homme* d'un certain Descartes, il éprouvait des « palpitations », si grande était sa **joie de le comprendre.**

Droit au sens et langage de compétence

Utiliser un langage spécialisé que des études ont fait acquérir sans penser qu'il sera incompris du profane auquel il serait adressé est pour un thérapeute comme Rogers une faute et une erreur. Une faute parce que ce profane qu'est le patient aurait raison de s'en effrayer, en imaginant un sens qui lui demeure caché (par exemple : est-ce être fou qu'avoir une névrose ?). Une erreur parce qu'en plaçant le patient dans cette situation d'incompréhension, les forces de liberté qui sont les siennes ne sont pas sollicitées. Rogers a compris que, dans toute relation humaine, il faut tout faire pour **instaurer un dialogue qui soit celui de la liberté,** c'est-à-dire un dialogue tel que chacun puisse la reconnaître et la prendre en compte. Employer un vocabulaire dont l'interlocuteur ne possède pas la clé, n'est-ce pas lui faire entendre qu'en l'occurrence il n'a qu'à se soumettre à une compétence dont il ne peut avoir la compréhension ? Ici, se pose un problème dont Rogers a saisi le sens pédagogique : doit-on en situation d'enseignant ou de formateur se référer aux connaissances spécialisées acquises au cours d'études suivies ou aux capacités de compréhension de celui que l'on a à instruire ? (Pour enseigner les mathématiques à John, vaut-il mieux connaître les maths ou John ?) On conçoit que Rogers ait considéré que le thérapeute devait être un pédagogue, c'est-à-dire qu'il avait à venir auprès de son patient afin de l'aider à « se » guérir par lui-même. Il avait, donc, à lui apporter le concours de « sa » compétence afin de lui fournir tout ce qui lui permettrait d'en tirer le meilleur parti. C'est dire qu'il se devait de lui donner les moyens de voir clair dans sa situation afin qu'il puisse librement en juger et prendre ses risques. L'ésotérisme du langage n'a pas sa place dans une telle thérapie. Estimer qu'il y a des choses qui ne peuvent être comprises que dans une langue abstraite, composée de termes techniques, relève d'un parti pris et non de l'intelligence de la situation. Rogers résumait cette différence dans une formule : on n'enseigne pas, disait-il, on renseigne. Mettre l'interlocuteur, élève, stagiaire, patient, en position de liberté, en se déclarant prêt à s'efforcer de répondre à ses interrogations, c'est **donner au dialogue son sens de liberté,** c'est **reconnaître l'interlocuteur dans sa capacité de compréhension,** c'est avoir décidé d'utiliser un langage qui lui soit compréhensible. Cette dernière exigence ne paraîtra impossible à satisfaire qu'à ceux qui se sont enfermés dans le formalisme de leur science et de leur technique. Accepter d'entendre les questions de l'interlocuteur profane, c'est-à-dire de les comprendre, suffit le plus souvent à faire échapper aux limites d'un vocabulaire par l'intelligence de la situation toute concrète qui est en cause. De plus, si le spécialiste a, lui, compris que la vie est toujours plus riche de sens que toutes les théories qui ont l'ambition de l'expliquer, il est sûr qu'il tirera le plus grand bénéfice de son effort en confrontant son savoir à l'apport d'observations et d'expériences, dont il s'avisera qu'il y a toujours un plus à tirer. Ce qui, en effet, est essentiel, dans toute situation pédagogique, c'est le sens personnel, libre que toute personne peut tirer d'un renseignement. Ce principe de « liberté » est fondamental.

Les cinq voies d'actes à la prise de conscience de la liberté

Renseigner et non pas enseigner, avoir le souci d'être toujours compris, n'est-ce pas **respecter la liberté de l'interlocuteur en le mettant en situation de responsabilité ?** Ce programme peut paraître tout simple à réaliser. Rogers estime, au contraire, qu'il exige une formation qui concerne le savoir-être plus que le savoir-faire. Il en a synthétisé la présentation en formulant cinq principes auxquels tout pédagogue, qu'il soit psychothérapeute, enseignant ou formateur, devrait impérativement se conformer. Les voici :

1. Aucun être humain ne maîtrise totalement sa vie. Il y a des actes qu'on a pu commettre et qu'on a mis à l'écart de sa conscience. Il en est d'autres dont le rappel est une souffrance. D'autres, encore, au-dedans desquels on ne parvient pas à se reconnaître. Le pédagogue de la liberté n'a pas à s'exclure de ce portrait qui est autant le sien que celui de ses interlocuteurs. Il se doit donc de maintenir présent dans sa conscience cette vérité première : qu'on n'est pas plus à l'aise avec soi qu'autrui ne l'est avec lui-même.

2. Le pédagogue de la liberté doit être, selon le mot de Rogers, *« congruent »*. Cela veut dire qu'il doit, en s'interrogeant, se tester constamment afin de s'obliger à se dire ce qu'il pense, ce qu'il croit, ce qu'il veut être et à agir ensuite en conséquence. Dans un autre langage, on qualifierait ce principe par le terme **d'authenticité.**

3. Le pédagogue de la liberté doit estimer que toute personne a le droit d'avoir ses propres sentiments et expériences et qu'il lui appartient de leur trouver leurs propres significations. C'est le respect de l'authenticité d'autrui, c'est-à-dire de son devoir d'être, lui aussi, **« congruent ».** Rogers désigne ce principe par l'expression de ***« considération positive inconditionnelle ».***

4. Le pédagogue de la liberté doit aussi s'efforcer de comprendre ce que ressent son interlocuteur, de tenter de faire sien ses sentiments, ses émotions, ses passions. Le mot sympathie ne lui semble pas assez fort pour donner le sens précis qui convient à ce principe. C'est pourquoi Rogers uti-

lise le terme ***d'empathie.*** Avec la sympathie, on se met avec l'autre ; avec l'empathie, on est en l'autre.

5. Le pédagogue de la liberté doit faire tout son possible pour que l'interlocuteur saisisse le « sens » de la relation qu'il entend vivre avec lui, c'est-à-dire une relation que caractérisent les quatre premiers principes.

Formes de frayeur en regard de ces voies de liberté

Si l'on reprend ces cinq principes en se donnant pour horizon de sens l'exigence pour le thérapeute de ne pas donner prise à la frayeur de son patient dans la relation qu'il entretient avec lui, on en découvre **l'unité** et **la sagesse.**

Le *premier* exclut de cette relation l'idée de son caractère exceptionnel, et, par conséquent, de la gravité menaçante qu'elle pourrait revêtir : mais oui, on a tous des difficultés ; cela fait partie de la vie.

Le *second* rappelle que chacun a une référence à lui-même, un lui-même auquel il a et le pouvoir et le droit de confronter tout ce qu'il estime le concerner. Sans la reconnaissance de cette référence, le patient risque de se chercher éperdument lui-même et de connaître les affres où il se trouverait comme en « ténèbres » de lui-même.

Le *troisième* s'affiche dans la reconnaissance de l'affirmation du patient sans y mettre la moindre interprétation. Le patient doit demeurer **maître du sens** qu'il donne à son propos, sinon, il risque de s'en effrayer au point de ne plus oser les tenir.

Le *quatrième* invite le thérapeute à aller jusqu'à partager ce que son patient vit affectivement. Il est des sentiments, des passions qu'on redoute de se dire à soi-même, alors qu'on en a une compréhension forte et qu'on sait qu'ils assiègent, en la tourmentant, la vie de la conscience. Le projet du thérapeute de rejoindre ces forces perturbatrices peut engendrer dans la conscience du patient un sentiment de sécurité tel qu'il puisse accepter dans son imaginaire « le vol, l'inceste et l'assassinat », de telle sorte qu'elle en soit alors délivrée.

Le *cinquième* se situe tout à fait dans le prolongement des quatre autres ; il revêt un sens heuristique[6] : le patient devenant l'adepte de ces principes eux-mêmes, c'est-à-dire qu'il deviendrait l'artisan de sa liberté. Le thérapeute ne pouvant plus être ressenti, si jamais il l'avait été, comme aliénant. On peut dire que la thérapie rogérienne trouve tout son sens dans la pratique

6. Heuristique : stratégie de recherche rapide et intuitive, dite intelligente, fondée sur l'identification préalable de probabilités (*Lexique des sciences humaines,* Chronique sociale, 2009).

d'une méthode relationnelle qui fait que les voies de la peur ne peuvent y trouver ni leur chemin, ni même occasion de creuser leur sillon. La peur de ses difficultés, de sa capacité à être soi-même, d'être aliéné par autrui, par des passions dévorantes, de ne pas pouvoir opérer la synthèse de son monde intérieur, autant de déterminants dont la conscience de l'être humain risque d'être la proie et dont la pratique de la thérapie rogérienne entend la délivrer.

Les cinq vécus de frayeur au cœur de la sensibilité des consciences

Entrons dans le détail de la vie de la conscience du patient lors de ses échanges avec Rogers. Les cinq principes que Rogers a retenus correspondent à une zone de sensibilité de la conscience de l'être humain. Il est des consciences qui s'affolent sitôt qu'une difficulté s'impose à elles, tandis que d'autres y puisent les forces de leur affirmation ; il est des consciences que le simple appel à leur autonomie met en déroute, alors que d'autres y découvrent la source de leur élan ; il est des consciences pour qui la prise en compte de façon inconditionnelle de ce qu'on leur donne à voir ou à entendre réduit à l'état de stupeur ; d'autres, au contraire, y puisent des raisons de promouvoir leur moi ; il est des consciences que « panique » la voix de leurs désirs, sans jamais, comme tant d'autres, s'ingénier à se prouver ce qu'il faut pour les justifier ; il est des consciences que l'idée même de s'informer sur ce que peut éprouver une autre conscience mettrait mal à l'aise, comme si l'effort auquel elle devrait se livrer les anéantirait, en revanche, pour beaucoup d'autres, c'est la vraie et seule voie qui les mène à la découverte d'elles-mêmes.

Au cours de l'échange, non seulement ces zones de sensibilité apparaissent nettement mais encore la façon dont le patient en gère les effets. C'est ainsi que la conscience qui se cache sa difficulté s'affiche dans une énergique activité dès que parlent ses désirs ; celle qui ne veut pas entendre dire que le moment d'user de son moi est venu se trouvera tout à fait à l'aise quand l'exigence de prendre en compte de façon inconditionnelle une situation extérieure à elle se manifeste. Et s'il ne s'en trouve pas, elle en inventera une pour se sauver. Celle qui fuit ce genre de situation fera son pain de la difficulté qui est la sienne et y absorbera ses ressources. Celle qui ne veut à aucun prix de ses désirs cherchera son salut dans la prise en compte de tout ce qui est en dehors d'elle… Celle qui, enfin, ne veut rien savoir des consciences extérieures à la sienne, se défend d'y accéder en ne se quittant pas.

Ces nuances de conscience sont de véritables formes de conduite mentale dont le sens va toujours dans la même direction : **fuir des peurs qualifiées**

pour s'accrocher à des zones de sensibilité où il y a une disponibilité de liberté. Le patient qui fuit sa difficulté parlera, par exemple, de son désir ; celui qui redoute le retour à son moi s'enhardira pour mettre en relief celui d'autrui, etc. Nous avions terminé le chapitre précédent en précisant que l'acceptation de l'angoisse était le seul et vrai moyen de ne pas être l'esclave de « ses » peurs. Est-ce à dire que les zones de sensibilité où la liberté est disponible connoteraient un vécu d'angoisse accepté ? Eh bien, oui. C'est cela même. Comme nous l'avons dit, ce qui agit dans l'expérience de l'angoisse c'est la conscience de pouvoir être, c'est-à-dire d'être libre, et aussi de pouvoir n'être pas, c'est-à-dire d'être mort. L'angoisse est le vécu de l'anticipation conjointe de la liberté et de la mort. On ne peut vivre l'une sans rencontrer l'autre. Pour s'en aviser, il suffit, comme nous l'avons écrit, de répondre à cette question : quelles sont les deux choses qu'un être humain ne peut « refiler » à personne ? Sa mort et sa liberté. Elles ne sont pas transmissibles parce qu'elles s'accompagnent toujours. Elles qualifient l'existence humaine elle-même.

Ce rappel au chapitre précédent étant fait, revenons-en à ces zones de liberté dont nous disons qu'elles demeurent disponibles dans la conscience des patients de Rogers. Quelles conclusions faut-il en tirer ? Qu'il est des cas où la conscience préfère l'angoisse à la peur, c'est-à-dire où le vécu de la conscience de la mort possible l'emporte sur celui de la peur. Ne dit-on pas parfois « plutôt mourir » ? Si, souvent, l'expression ne traduit pas la pensée mais signifie seulement qu'une situation métaphorique fait horreur, il arrive aussi qu'elle corresponde à un sentiment authentique. Ce qu'il convient de noter, c'est que, pratiquement, **toute conscience d'être humain est toujours en passe de pouvoir être libre,** mais que, selon les cas que nous venons de présenter, elle sera en mesure d'y répondre par un acte de liberté ou par une fuite de peur.

Les vécus de conscience de la liberté et leurs frayeurs Raisons de l'efficacité de la thérapie de Rogers

Il faut en revenir aux cinq principes que Rogers a posés. Ils sont d'une importance capitale. Chacun d'eux exprime l'une des formes que l'exigence de liberté de l'être humain peut revêtir. Chacun d'eux peut être aussi l'obstacle contre lequel cette même exigence de liberté va buter… Il y a des êtres humains qui trouvent leur liberté en luttant contre leurs difficultés, qui sont pour eux une raison toujours militante d'en triompher. Pour d'autres, en revanche, ces mêmes difficultés les enferment dans une lutte désespérée pour les fuir, avec la peur toujours renaissante de les voir s'imposer à leur conscience. Il y a des êtres humains qui trouvent leur liberté dans le souci d'être eux-mêmes envers et contre tout, qui affirment leur sentiment, leur croyance, qui recherchent les situations où ils vont pouvoir les exprimer, les faire partager. D'autres, en revanche, redoutent ces situations, font tout ce qu'ils peuvent pour les éviter. Ils y voient de l'orgueil, de l'ambition. Ils recherchent les occasions où ils pourront se mettre en sécurité par la soumission à l'autorité d'autrui, autorité qui protégera leur volonté et respectera leur désir d'anonymat et de refus d'engagement personnel. Il y a des êtres humains qui n'accèdent au sentiment de leur liberté que lorsqu'ils sont assurés que leur interlocuteur prendra en compte leur propos **d'une façon positive inconditionnelle.**

Pour peu qu'au cours de leur enfance et de leur adolescence ils n'aient pas été pris au sérieux, leurs propos tenus en dérision avant même qu'ils aient pu en développer le sens, cela a pu suffire à rendre l'affirmation de leur liberté dépendante d'un climat d'accueil dont le principe de « considération positive inconditionnelle » sera le garant. Ce même principe est cause de malaise pour d'autres, qui vivent la « considération positive inconditionnelle » comme une menace, dont ils ne peuvent se départir. Ils y perdent, comme on dit, leur latin. L'écoute silencieuse, le sérieux, l'attente de la précision, du déploiement de la pensée, l'absence d'enjouement, autant d'attitudes qui déterminent des blocages, « et » la frayeur. Dans cette atmosphère relationnelle, ils ne peuvent absolument pas être eux-mêmes. Ce sont ces mêmes êtres qui, eux, trouveront dans la volonté d'empathie de leur thérapeute la libération de leur liberté. Ils oseront la manifester parce qu'ils se sentent compris dans leurs sentiments, parce qu'ils ressentent la participation de leur thérapeute à leur vie affective. Cela ne veut pas dire que leur liberté ne sera que l'expression de leur désir... Cela signifie que la part de leur vie affective dans les déterminations de leur volonté est très importante. Personnes qui ont besoin de se sentir approuvées pour **oser être elles-mêmes.** Voilà qui ne convient pas à tout le monde. Il est, en effet, d'autres personnes qui sortent très mal de ce climat d'empathie, qui est ressenti comme une indiscrète intrusion dans leur vie intime, dont elles veulent se réserver le secret à elles-mêmes ou à qui elles ont décidé de se confier.

Le *cinquième principe* qui peut paraître une simple consigne donnée au pédagogue de la liberté dans le seul but de « faire comprendre » à ses interlocuteurs le sens de son rôle engage tout autant que les quatre autres la pédagogie de la liberté. En effet, dans ce « faire en sorte que l'interlocuteur saisisse le « sens » de la relation qu'il entend vivre avec lui », il y a, sous-entendue, la volonté de **promouvoir une situation relationnelle qui soit celle de l'expression des libertés.** Qu'est-ce que cela veut dire ? Cela veut dire qu'avec tel patient, l'engagement de la liberté se fera sous le signe d'un des principes formulés ; avec tel autre patient ce principe sera contre-indiqué. Il n'en demeurera pas moins valable ; mais le sens en est actuellement faussé dans la conscience du patient. Il engendre dépendance et frayeur. L'analyse que nous faisons du sens de ce cinquième principe semble confirmer qu'il ne concerne que le thérapeute ou le pédagogue... Nous pensons, au contraire, qu'il y a des personnes qui découvrent l'élan de leur liberté dans une situation pédagogique. Il leur est indispensable de penser que leurs actes ne sont pas sans influer sur la conscience d'autrui, pour s'aviser de leur responsabilité et de leur devoir de leur donner un sens qui puisse le servir. Pour d'autres, ce point de vue paraîtra excessif, parce qu'il ne respecte pas l'autonomie des consciences. L'art de Rogers, disons même son génie, était de sentir là où la liberté de son patient était engagée afin de lui permettre d'en déployer les vertus et, ensuite, de pouvoir intégrer celles qui lui seraient étrangères.

Confirmations de cette efficacité

Dans *Défense et illustration de l'introspection*[7], nous avons montré comment les patients de Rogers trouvaient leur équilibre grâce à l'application de la « structure » de leur liberté au point de leur sensibilité qui les aliénait. Nous avons choisi, à titre d'illustration, deux témoignages qu'il avait recueillis lui-même. Le premier est celui d'un patient qui était traumatisé par l'hostilité qu'il nourrissait à l'égard de ses parents. Sa liberté dans l'ordinaire de sa vie, il la trouve en cherchant à être cohérent avec lui-même, en s'obligeant à corriger ses défauts, à faire disparaître ses maladresses, à annuler la conscience de ses manques. Si ses parents obsèdent sa pensée, c'est qu'étant dépendant de l'autorité dont ils sont, à ses yeux, revêtus, il n'imagine pas d'agir vis-à-vis d'eux comme il le fait à l'égard de lui-même. Il ressent leurs limites comme des puissances démoniaques, contre lesquelles il se découvre sans moyens d'action. D'où l'explosion de sa haine. Il ne passe pas, pour autant, grâce à la thérapie rogérienne, au don de l'amour oblatif ! C'est dans la « structure » propre de liberté qu'il aperçoit la voie à suivre pour réguler sa relation avec ses parents et procurer au sentiment qu'il leur porte un sens positif. Voici son témoignage : « *J'ai substitué au ressentiment contre eux la constatation résignée des torts qu'ils ont eus envers moi. Mais surtout je lui ai substitué une sorte de joie intensive à l'idée que, maintenant que j'ai découvert ce qui n'allait pas, je*[8] *puis moi-même changer quelque chose à cela en corrigeant leurs erreurs.* »[9] Il reste dans le projet de sens qui caractérise la structure de sa liberté : corriger, remédier à des manques, réparer des erreurs et des torts, abattre les limites pour avan-

7. A. de La Garanderie, *Défense et illustration de l'introspection*, Bayard, 1989.

8. Souligné dans le texte.

9. Cité par Rogers dans *Le développement de la personne*, Dunod, 1980, p. 112 ; nouvelle édition, 2005..

cer ; il peut désormais étendre à ses parents la politique qu'il s'applique à lui-même. Son **sentiment de liberté** s'éveille, se met en situation d'activité lorsqu'il trouve sur sa route quelque chose qui présente un caractère de négativité. Comme le pouvoir d'aimer est enclos dans ce sentiment, il lui fallait passer par celui-ci pour que celui-là bénéficie de la seule voie d'expression dont il puisse se servir. On conçoit le drame de sa conscience tant qu'il était dans l'impossibilité de ressentir de l'amour pour ses parents, faute de pouvoir se donner le droit d'appréhender leurs limites.

Passons à la seconde illustration : « *Je prendrai un autre exemple chez un client qui a toujours cru qu'il devait plaire aux gens : "je vois maintenant à quoi cela pouvait ressembler, que ça n'a aucune importance si je ne vous plais pas. Que je vous plaise ou non n'a pas d'importance pour moi. Si je pouvais dire ça aux gens, vous savez... Dire spontanément quelque chose... sans se soucier de savoir si ça plaira ou non. Mon Dieu ! dire pratiquement n'importe quoi ? Mais c'est vrai, vous savez".* » Et un peu plus tard, il se demande avec incrédulité : « *Vous voulez dire que si je pouvais être réellement ce que j'ai envie d'être, tout irait bien.* » Le projet de **sens de la liberté** chez cet autre patient prend forme grâce à une autre structure, qui est l'inverse de la précédente : une exigence d'accord avec soi et avec autrui. C'est de trouver le positif et de lui accorder crédit afin d'en prolonger la vérité autant par ses pensées que par ses actions. Sa dernière déclaration est très éclairante : « *Vous voulez dire que si je pouvais être réellement ce que j'ai envie d'être, tout irait bien.* » Rogers a, à juste titre, souligné le « J'ai envie d'être » pour montrer que là est son problème de liberté.

Principe de liberté et loi du thérapeute

En s'interdisant toute interprétation, en se souciant de témoigner par la parole de son exigence de comprendre son patient tel qu'il se vit ou peut se vivre lui-même, Rogers lui permet de trouver le **sens d'exigence de liberté** qui habite son langage. Ainsi Rogers est-il fidèle au principe de liberté qui est sa loi de thérapeute et, ajoutons, d'homme.

Ce que Rogers présente comme une technique de psychothérapeute n'est-elle pas beaucoup plus ? À savoir : la pédagogie que tout être humain devrait mettre en pratique pour établir ses relations tant avec autrui qu'avec lui-même. Nous découvrons dans la méthodologie rogérienne une phénoménologie pédagogique de la relation humaine prise comme telle. Nous y trouvons une réponse fondamentale qui doit permettre à l'homme d'accéder à la liberté, donc d'en **accepter l'angoisse et d'éviter ainsi toutes les formes de peur qui peuvent l'assaillir.**

La critique de la non-directivité dans l'échange entre thérapeute et patient

La non-directivité ne détourne jamais l'interlocuteur de l'angoisse, parce qu'elle le renvoie sans cesse à sa **liberté de jugement et d'action.** Et c'est ce qui, simultanément, ferme les portes qui conduisent sur les chemins de la peur. Il a toujours son « quant-à-soi » en éveil.

Les contempteurs de la non-directivité ont imaginé, sur le mode tragique, une fin possible à cette forme de thérapie.

Un patient de Rogers engage ce dialogue :

— Je ne me sens pas bien.

— Vous ne vous sentez pas bien.

— Non, je ne me sens pas bien.

— Vraiment ça ne va pas ?

— Non.

— Non.

— J'ai des idées noires.

— Vos idées sont noires.

— J'ai des pensées morbides.

— Morbides sont vos pensées.

— Oui, je vais me jeter par la fenêtre.

— Vous envisagez de vous jeter par la fenêtre.

— Sans aucun doute. Plouf... (le patient s'est jeté par la fenêtre).

Rogers se penche au rebord de la fenêtre et dit :

— Plouf.

Le sens vrai de la non-directivité

Celui qui a fabriqué cette caricature n'a pas compris le sens de la non-directivité et il fait de la non-directivité du psittacisme[10] ! Il laisse, en effet, supposer que le patient pourrait s'abandonner à un mouvement de fuite éperdue vers la mort, quasi instinctivement. Mais ce qui est vrai, dans cette incompréhension, c'est que la non-directivité pose au patient la question de sa mort, mais elle la met en relation directe avec la liberté. Dès lors, le patient envisagera l'éventualité de sa mort à propos de sa liberté mais

10. Langage reproductif du perroquet.

non pas sa liberté en vertu de sa mort. C'est là toute la différence. C'est pourquoi l'échange n'aura pas cette direction. Il y a, en fait, deux formes de suicide : une par choix de liberté ; l'autre par déterminisme de peur. On conçoit qu'un patient puisse à la limite, sans bien entendre le consentement du thérapeute, se résoudre au premier mais non se laisser aller au second.

La non-directivité que caractérise l'emploi réitéré de la reformulation remet le patient sur la voie de sa seule liberté : le ton employé, le vocabulaire utilisé, l'accent mis, les modulations pratiquées doivent exprimer le rapport que le patient entretien sur le moment avec **sa** liberté. C'est dire que le projet du thérapeute, lorsqu'il écoute, est d'être sensible au point de sensibilité ou sentiment de liberté que son patient laisse entrevoir, afin de pouvoir le rendre sensible grâce à la reformulation. Rogers estime qu'il doit vivre l'angoisse de la liberté de son patient et ne jamais en avoir peur.

À travers la reformulation de Rogers, le patient découvre sa **vocation d'homme libre,** telle qu'elle puisse donner un sens de promesse à l'angoisse qui l'étreint.

La liberté et la mort

Un conte de philosophie éducative : la chèvre de M. Seguin

« Plutôt un acte de vie dans la mort que des actes de mort dans la vie. »

Maxime de Blanquette

Le conte

Ce n'est pas un hasard si *« Monsieur Seguin n'avait jamais eu de chance avec ses chèvres »*. On trouve, en effet, dans son attitude tout ce qu'il faut pour dégoûter les chèvres de la vie. En dépit de son apparente bonne volonté pour les rendre heureuses, il manifeste à leur égard des tendances possessives : il les élève pour les garder auprès de lui. Il a peur de les perdre. Prisonnières de son enclos, elles doivent chercher leur bonheur dans l'herbe du jardin et dans l'affection protectrice qu'il leur porte. Etat de dépendance totale, car on ne verra pas dans la rallonge de la corde une marque de confiance ! Aussi lorsque Blanquette a l'audace de lui exprimer son **désir de liberté,** que répond Monsieur Seguin ? La liberté, c'est le loup qui va la dévorer ? Il y a cependant un progrès : les devancières de Blanquette ont ruminé leur esclavage et, telle la vieille Renaude, elles ne prirent la poudre d'escampette qu'au bout d'un long temps. Blanquette, la dernière venue, est à l'âge de l'adolescence ; elle engage le dialogue avec l'adulte qui l'a prise en charge. Et l'on sent que Blanquette ne s'en laissera pas conter. À tous les raisonnements, à toutes les pressions, à l'argument bien connu qui consiste à agir sur la sensibilité de la peur, Blanquette répond qu'elle veut aller dans la montagne, **symbole de la liberté.**

Alphonse Daudet a réuni sur la montagne toutes les qualités de la vie et de la liberté. D'abord, il convient à la nature de la chèvre de vivre dans des espaces où l'on peut grimper et bondir en franchissant des précipices. Ensuite, l'être vivant éprouve le besoin de faire connaissance avec l'univers des sensations, les parfums, les saveurs, les couleurs, les impressions tactiles... Enfin, il y a la rencontre du partenaire de l'autre sexe et des jeunes congénères.

On pourrait croire qu'Alphonse Daudet a voulu justifier Monsieur Seguin en donnant la conclusion tragique que l'on sait. Blanquette, après avoir joui de tous les plaisirs de la vie, refuse l'appel de la trompe qui pourrait lui éviter si elle s'y rendait, l'approche fatale du loup alors que la nuit monte. Elle en fait fi et l'inéluctable va s'accomplir. Mais non sans grandeur, puisque Blanquette, loin de se résigner, décide encore de se donner pleinement à la vie en monopolisant les ressources de son instinct de combat. Elle se battra jusqu'à l'aube pour ne pas être en reste avec la vieille Renaude[11]. Finalement Monsieur Seguin n'a pas tort apparemment puisque la liberté conquise malgré les interdits conduit à la mort, mais Blanquette a raison puisqu'elle se donne avec joie à la vie, y trouvant plaisir, épanouissement et héroïsme : mieux vaut un jour de liberté que dix ou quinze ans d'esclavage...

Des idées éducatives

Essayons de présenter en ordre les idées éducatives qui peuvent être tirées de ce conte. Les unes concernent l'éduqué, les autres l'éducateur.

1. L'éduqué. C'est une véritable anthropologie de la liberté, que propose Alphonse Daudet. Elle se résumerait ainsi : le monde sollicite l'être vivant et celui-ci est poussé naturellement à sentir, à s'exprimer, à agir. **La liberté va dans le sens de la vie :** l'univers des sensations appelle la chèvre comme tout être ; celui des sentiments suscite la recherche des congénères comme tout jeune a besoin de camarades de son âge ; celui de l'action incite à courir, à partir à la découverte et à lutter contre les obstacles et les adversaires ; celui de la raison naturelle inspire toutes les démarches de Blanquette : la liberté au service de la vie, plutôt que l'esclavage au service d'un maître.

2. L'éducateur. Monsieur Seguin est vraiment un brave homme. Il veut que ses chèvres ne manquent de rien de ce qu'il peut leur donner. Il désire leur bonheur à condition que ce soit lui qui le leur procure. Il est foncièrement paternaliste et il a bonne conscience. Il entend éviter à ses chèvres les dangers de la vie. Une sagesse l'inspire : l'existence tranquille dans la vallée, au-dedans d'une maison et d'un jardin clôturé. Ses chèvres doivent ainsi prendre de bonnes habitudes conformes à l'ordre réglé qu'il a défini. Dans le dialogue avec Blanquette, il fait preuve d'un certain bon sens. Il ne se fâche qu'au moment où il constate que Blanquette refuse de se soumettre. Il prend alors des mesures « pour son bien ».

---

11. Ce n'est pas un hasard : le seul geste éducatif de Monsieur Seguin, c'est d'avoir raconté à Blanquette la bataille de la vieille Renaude avec le loup, qui permet à l'auteur de dire : « en brave chèvre de Monsieur Seguin qu'elle était ».

Un double défi

L'expression de brave homme ne doit pas tromper, car, en fait, Monsieur Seguin commet un **crime de lèse-éducation.** Il ne se rend pas compte de ce qu'il aurait à faire, il croit qu'il suffit d'assurer la subsistance et d'entourer de soins un être vivant, en le gardant contre les dangers pour être un bon éducateur ! Combien y a-t-il de Monsieur Seguin parmi les hommes d'aujourd'hui, qu'ils soient responsables d'adultes, d'enfants, voire d'animaux ? Le crime de lèse-éducation que nous dénonçons est double : d'une part Monsieur Seguin n'éduque pas à la liberté ; d'autre part il ne participe pas à la promotion de la liberté. Envisageons ces deux points :

1. Éduquer à la liberté, c'est d'abord montrer le monde comme à connaître et à aimer. Ainsi Dieu regarda son œuvre et la trouva bonne. Monsieur Seguin n'en a cure. Pour un peu, il rendrait le monde invisible, bornant l'univers à son jardin, à son herbe ; Blanquette n'est pas pour lui une chèvre ; elle est sa chose. Qu'elle ait des goûts, des besoins, des désirs, des exigences, conformes à sa nature ne lui vient pas à l'esprit. Il les ignore. À aucun moment, il ne se met à sa place, ni ne s'inquiète de la comprendre. Éduquer à la liberté implique au contraire, le souci de **découvrir les ressources que le monde peut offrir à un être et de saisir celles qui peuvent le mieux correspondre à ses structures naturelles.**

2. Promouvoir la liberté concerne l'éducation du discernement, de la décision et de l'initiative, en un mot : du choix. Inutile de se livrer à un développement pour montrer que Monsieur Seguin n'en a aucune conscience. Sa seule volonté se manifeste dans et par l'imposition de son bon plaisir : Blanquette ne doit pas *« brouter au-delà de la corde »*. Il considère comme simple caprice ou comme entêtement ce qui ne relève pas de son autorité.

M. Seguin têtu

Imaginons Monsieur Seguin sollicité par un éducateur qui lui adresserait les critiques que nous venons de formuler ; que répondrait-il ?

Il est possible qu'il commence par les refuser. Il tiendrait alors ce langage :

« Je n'ai que faire de vos histoires. Un animal, un enfant, ça se dresse. D'ailleurs, je ne suis pas un bourreau et je me préoccupe du bien-être de mes chèvres, comme tout éducateur n'oublie pas de procurer à l'enfant ce dont il a besoin pour vivre. » Et si on le pousse un peu dans ses retranchements, il rétorquera *« moi je n'ai pas été dans la montagne et je n'éprouve pas le désir de m'y rendre. Croyez-moi, je vis heureux et tranquille dans le modeste horizon de ma maison et de mon jardin. Il faut se méfier de l'esprit d'aventure. Blanquette est un hippie, le loup est le symbole du mal qui*

guette tout être s'affranchissant de la sagesse sociale et humaine construite à partir de travail, d'efforts, de bonnes habitudes et de saines traditions. Blanquette accomplira son métier de chèvre en se nourrissant, en ayant des chevreaux sur commande, en donnant du lait à son maître, en se laissant attacher, en rentrant à l'étable sans regimber, moyennant quoi elle sera toujours bien traitée. Ainsi ira-t-elle jusqu'à la vieillesse et la mort. »

Mais l'éducateur avisé lui fait alors remarquer que sa chèvre s'étiolait et qu'elle serait morte de langueur, si elle ne s'était pas enfuie. Monsieur Seguin n'est pas à court d'arguments : « *Dites plutôt qu'elle se serait laissée mourir par mauvaise volonté tout simplement parce qu'elle refuse l'éducation et la vie de société. D'un côté, il y a le monde sauvage avec la loi brutale de la jungle, de l'autre côté, il y a la cité avec son héritage culturel et son ordre, qui mettent les êtres à l'abri de l'injustice du plus fort. Je ne nie pas qu'il ne faille accepter le renoncement à une liberté. Mais c'est une fausse liberté puisqu'elle n'a aucune garantie. Le loup, les mauvais garçons, les instincts pernicieux de chacun et de tous y trouvent sans doute leur compte, il importe de lutter contre un prétendu retour à un état de nature, qui n'est que mensonge. C'est à la cité d'investir la montagne et non à celle-ci d'envahir celle-là.* »

L'éducateur subtil ne s'avoue pas vaincu ; il estime que la langueur de Blanquette et ses demandes ne procèdent pas d'une fausse liberté, inspirée par un refus du social et par des désirs sauvages. Il ajoute que la vie ne doit pas être enfermée dans les limites d'un univers concentrationnaire. La cité ne doit pas intégrer la montagne, mais elle doit s'y ouvrir pour en garder les valeurs et l'humaniser...

M. Seguin ouvert, soucieux de comprendre

Demandons à notre éducateur de développer son programme et de proposer une autre version de la chèvre de Monsieur Seguin. Au lieu de répondre à la requête de Blanquette par une fin de non-recevoir, Monsieur Seguin l'interrogerait :

« *Pourquoi veux-tu aller dans la montagne, Blanquette* ?

— *Parce que je m'ennuie chez vous...*

— *Que penses-tu trouver dans la montagne* ?

— *Des espaces à parcourir, des lieux à contempler, des herbes à savourer, des ruisseaux d'eaux étincelantes, enfin toutes les richesses de la nature. Vous savez qu'une chèvre est faite pour s'élever sur les sommets et brouter l'herbe des alpages, qu'elle a besoin de courir, de sauter, de retrouver ses sœurs et frères de la montagne, afin de se déplacer avec eux en bandes joyeuses.*

– Bon, eh bien, Blanquette je vais te proposer un programme. J'irai avec toi dans la montagne, nous y passerons la journée et lorsque viendra le soir nous redescendrons dans la maison de la vallée. Quand tu seras plus grande je te laisserai y aller seule, à condition que tu t'engages à revenir avant la nuit, car le loup qui rôde n'attend que ce moment pour chercher sa proie. J'ai d'ailleurs une trompe dont le son se répercute au loin et monte vers les étoiles. Aux derniers rayons du soleil, la trompe t'appellera au retour et, sitôt que tu l'auras entendue, tu précipiteras ta course vers la maison. Nous passerons la veillée à parler des choses que tu auras vues et de tout ce que tu voudras. Je suis là pour t'aider à découvrir la vie et pour que tu donnes à la tienne le sens le plus épanouissant... »

Ce Monsieur Seguin a des idées éducatives, dont il nous faut maintenant préciser les bases. Il pense d'abord que **la liberté n'est pas un conditionnement, mais qu'elle est une exigence de l'être.** Il y aurait contradiction à vouloir déterminer la forme de la liberté, que l'on estime la seule valable tout en prétendant la respecter dans son originalité. Il y aurait démission si ce Monsieur Seguin se contentait de dire : *« Ah ! tu veux aller dans la montagne, très bien. C'est ton droit de liberté que tu exerces. Conduis-toi à ta guise. Je n'ai rien à y voir... »* Cette politique du laisser-faire, laisser-passer serait une fin de non-recevoir. Elle est présentée ainsi dans le but de le faire ressentir.

Pédagogie de l'accompagnement

Accompagner Blanquette dans la montagne est le symbole d'une pédagogie qui a décidé de partir de l'élève lui-même, de ses motivations, de ses moyens, afin de l'aider à s'en bien servir.

Pour un moi sans panique

Ce chapitre comporte un ensemble de pensées qui ont été écrites au jour le jour, à l'occasion d'événements qui m'atteignaient. Elles étaient guidées par une intention : celle de **comprendre autrui et moi-même.** Le souci était d'échapper au manichéisme : faire la part des choses en dégageant le positif de ce qui, de prime abord, pouvait m'apparaître négatif et réciproquement. Il m'a semblé que ce but me permettait d'aboutir à une plus saine connaissance des autres et de moi-même, d'accepter la vie et de mieux saisir le sens que l'on pouvait lui donner pour répondre à l'exigence de progrès qu'elle sollicite de nous.

Quel rapport y a-t-il entre la peur et ces « pensées » ? Un rapport très étroit. Ces pensées ont pour but de **surmonter « mes » peurs au moment de rencontrer les autres et… aussi moi-même.**

Pédagogie

• Il n'est pas motivé : a-t-il une vie intérieure ?

• Il n'a pas de mémoire : a-t-il des projets ?

• Il n'est pas intelligent : a-t-il jamais cherché à comprendre ?

• Il n'a pas d'imagination : a-t-il jamais pensé à découvrir et à inventer ?

• Il n'est pas attentif : songe-t-il à faire vivre dans sa tête ce qu'il touche, voit ou entend ?

• Il n'a pas de chance : n'est-ce pas son alibi ?

• Si nous voulons que la pensée soit limpide, ne l'agitons pas avant de la produire.

• Quand on prend l'habitude de comprendre et d'admirer le génie d'autrui, on acquiert ainsi le moyen d'accéder au sien.

• Le pouvoir d'évoquer le monde est donné à l'être humain pour qu'il en fasse son projet. Mais la conscience pédagogique doit se garder de l'étouffer.

• Le savant a plus de confiance dans la rationalité des choses que beaucoup d'enseignants dans les capacités de leurs élèves.

• La pédagogie a besoin de la terre des racines et du ciel des étoiles.

• Quand l'imaginaire s'abandonne au délire, c'est qu'il n'a pas fait sa place au rêve.

• Le pédagogue efficient n'enseigne pas. Il renseigne.

• Quand on ne trouve pas ce qu'on cherche, on aurait intérêt à se demander si l'on n'a pas déjà trouvé ce qu'on ne cherchait pas.

• Pour être un homme qui trouve, un stage chez M. de La Palice est fort recommandé.

• Quand l'esprit critique étouffe l'admiration, il n'y a plus de place dans la conscience pour la générosité.

• Quand on est travaillé par une idée qu'on ne parvient pas à exprimer, il faut s'efforcer de la formuler « tout bêtement ». C'est ce que prescrivait Foch aux officiers de son état-major qui s'embrouillaient dans un compte rendu.

La pédagogie et la peur

Un mal assiège la pédagogie, mal qui lui est si intime qu'elle ne le voit pas et dont il faut qu'elle se délivre ; l'enseignant a peur de l'élève, du parent, de l'inspecteur, du directeur, d'être inférieur à sa tâche, de l'opinion, de lui-même.

Le parent a peur de tout ce qui fait peur à son enfant, de son incapacité à l'aider, de ses échecs scolaires passés.

L'élève a peur de l'école, des camarades, de l'enseignant, de l'échec, de l'opinion, de lui-même.

La peur est si profondément inscrite dans la vie pédagogique que toutes ses parties prenantes s'en défendent et la provoquent.

L'enseignant s'en défend en se repliant ; le parent en s'énervant ; l'élève en se raidissant.

L'enseignant la provoque en menaçant ; le parent en inquiétant ; l'élève en insultant.

La peur et la colère s'engendrent réciproquement.

Le mauvais climat qui, souvent, en résulte, ne serait-il pas dû à la situation pédagogique elle-même pour autant qu'elle est vécue comme risque constant d'humiliation ?

Humiliation pour l'enseignant que l'élève désarçonne par ses questions, culpabilise par ses échecs, ridiculise par ses facéties, terrorise par l'intelligence qu'il acquiert de ses limites.

Humiliation pour le parent que le jugement de l'enseignant meurtrit, que l'échec de son enfant démolit, que le succès de celui du voisin accable.

Humiliation pour l'élève que les choses à apprendre et à comprendre mettent, du matin au soir, en situation d'infériorité, à quoi s'ajoutent les moqueries, les rivalités, les échecs, l'incertitude vis-à-vis d'un avenir qui pourrait ne pas être celui de son ambition.

De quoi peur et humiliation sont-elles les effets ?

Serait-ce d'un oubli, d'une erreur ou d'une faute ?

C'est parce que l'homme oublie tout ce qu'il doit à l'intelligibilité du monde lui-même qu'il tombe dans l'erreur de ne rien attendre d'elle et dans la faute de tout attendre de son intelligence !

S'il met au principe de la connaissance la foi en l'intelligibilité du monde, c'est toute la pédagogie qui se trouvera orientée dans le bon sens.

L'enseignant s'interrogera afin de se rendre compte s'il met bien à la disposition de l'élève le savoir et les moyens pour y accéder.

Le parent s'interrogera pour se demander si le concours qu'il décide d'apporter à son enfant sert son développement, s'il n'y a pas d'autres projets à envisager.

L'élève s'interrogera afin de s'aviser si dans les rapports qu'il entretient avec ses éducateurs, parents, enseignants et aussi avec lui-même, il a vraiment pour but de comprendre l'intelligibilité du monde et d'en devenir un témoin.

Au lieu de se faire mutuellement peur, enseignants, parents, élèves prendront conscience de la crainte de manquer à cette vocation de témoin de la vérité. La crainte n'est pas la peur. Il ne faut pas confondre l'étourdissement qui aveugle et le trouble d'une lumière qui se dessine et qui se confie à nous pour que nous la protégions, ni un monologue désespéré avec un dialogue qu'esquisse la promesse, ni une chute dans l'abîme avec le premier pas d'un enfant qui appelle une main… La peur est dépendance ; la crainte est responsabilité, commencement de sagesse : toute conscience l'éprouve qui sent passer sur elle l'appel de la vérité.

Au lieu de s'infliger mutuellement des humiliations, enseignants, parents, élèves communieront dans l'humilité qu'ils ont à pratiquer pour répondre à cet appel que la vérité leur adresse, sitôt que le devenir d'une personne est en jeu.

Connaissance et savoir

• Cinq siècles avant Jésus-Christ, Héraclite d'Éphèse affirmait : *« Le manque de foi fuit pour ne pas connaître »*[12]. Selon Alain, Auguste Comte méditait tous les jours sur ce passage de l'Imitation : *« L'intelligence doit suivre la foi, non la précéder, encore moins la ruiner. »*[13] Comment l'intelligence ne comprend-elle pas que le scepticisme, c'est le ver mis dans le fruit de la connaissance ?

• *« Les chiens aboient après celui qu'ils ne connaissent pas... »*[14] et les hommes insultent ce qu'ils ne veulent pas connaître !

• Si *« être traité d'idiot par un imbécile est un plaisir de fin gourmet »*[15], s'entendre reprocher son ignorance par un pédant est en l'espèce tout aussi savoureux.

• Que de choses qu'au jour le jour nous découvrons et que nos préjugés s'empressent de recouvrir ! C'est pourquoi il faut se faire disciple du pionnier de la connaissance et rejeter le funambule du savoir.

• Il faut préférer les surfaces pleines aux profondeurs vides.

• *« Plus une tête est vide, plus elle cherche à se désemplir »* (Montesquieu). D'où l'intarissable bavardage des ignorants. Ou, encore : on en jette plein la vue quand on n'a rien à montrer.

• *« Les yeux sont des témoins plus exacts que les oreilles. »*[16] Mais les oreilles appelées en défense pourront être plus rigoureuses que ne le seraient les yeux.

• *« C'est l'astronomie qui nous a fait une âme capable de comprendre la nature »* a écrit Henri Poincaré. À l'origine de la connaissance le beau et le vrai sont unis.

• *« Si les singes savaient s'ennuyer, ils pourraient devenir des hommes »* (Goethe). L'homme ne se connaît comme homme qu'après avoir assigné résidence à sa pensée au cœur de sa vie instinctuelle de telle sorte que certaines satisfactions médiocres qu'il en retire lui apparaissent dans leur fadeur par l'ennui qu'il éprouve.

• Au lieu de condamner les idées sous prétexte de vivre ses instincts, cherchons toutes les idées qui habitent les instincts.

---

12. Héraclite, *Fragments,* PUF, 1990, p. 260 ; nouvelle édition, Flammarion, 2002.

13. Alain, *Les arts et les Dieux,* « La Pléiade », Gallimard, 1958, p. 1167.

14. Héraclite, *Fragments,* op. cit., p. 60.

15. Courteline.

16. Héraclite, *Fragments,* op. cit., p. 271.

• Ce qui devrait nourrir la sagesse du philosophe, c'est de ne pas oublier qu'il y a autant de savoir dans l'ignorance que d'ignorance dans le savoir.

• La diversité peut être aussi ennuyeuse que l'uniformité.

• Pour ne pas perdre la mémoire il faut, sans cesse, mettre le présent dans son avenir.

Intelligence

• C'est non pas aux objets que l'intelligence se donne mais aux sujets et seulement à ceux qui, parmi eux, ont décidé de l'aimer ; et elle leur demeure fidèle !

• L'intelligence rend hommage à la sottise en cédant devant sa persistance.

• Il est des intellectuels qui ont besoin du trottoir de l'opinion pour y vendre les charmes d'une malheureuse idée.

• Il est des personnes auxquelles on est tenté de demander par quoi elles ont décidé de remplacer l'intelligence. Imaginons la lune s'efforçant de convaincre montagnes, plaines, océans et forêts que c'est elle la source de la lumière qui les éclaire. Pour son malheur, sa lueur ne parvient pas à éteindre le souvenir du soleil.

• Les sources de l'intelligence comme celles de l'eau se trouvent du côté des sommets.

• Beaucoup d'intellectuels veulent mettre leur intelligence au service de l'homme au lieu de se mettre au service de l'intelligence de l'homme.

Vérité et erreur

• *« Être dans le vent, ambition de feuille morte »* (Gustave Thibon). Aucun arbre ne prend ses racines dans le vent. La vérité non plus.

• *« Le vrai est excessif »*, dit Alain. C'est l'esprit de justice qui donne au vrai sa dimension de vérité.

• *« Il n'y a rien qui soit plus à nous que nos erreurs »*, disait Victor Brochard. Si être vrai, c'est être le plus possible soi-même, il en résulte qu'il faut aller chercher sa vérité dans ses erreurs.

• On passe à côté de la vérité par manque de ferveur à l'égard du don des choses.

• C'est la vérité de son sujet qui le porte et l'emporte. Aussi est-il au-delà du trac.

• Ce qu'il dit des autres et de lui-même n'a rien à voir avec la vérité. Que vise-t-il donc ? Imposer une idée à laquelle il entend soumettre tout le monde.

• Vertu du temps : mettre à leur vraie place ceux qui ont profité d'un moment pour se hisser plus haut que leur mérite.

• On dit d'une argumentation qu'elle est réaliste, c'est-à-dire vraie, lorsqu'elle va dans le sens de ses croyances. Elle est chimérique, c'est-à-dire fausse, lorsqu'elle les contredit.

• Le voleur d'idées débaptise celles qu'il dérobe, afin de les présenter comme siennes grâce aux noms qu'il leur donne. Il se pique de glorieusement inventer ce que d'autres ont laborieusement découvert.

• L'esprit est un oiseau, qui ne peut voler que dans l'aire de la vérité.

• Vérité de l'humour : une caricature sans excès, ni défaut.

• La sincérité porte parfois des défis à la vérité.

• La vérité a besoin d'ombre et de lumière. C'est pourquoi elle ne doit s'abandonner ni aux ténèbres, ni à l'éblouissement.

• Craignant d'être étouffée par la vérité, la liberté s'efforce de l'étrangler. Ces deux géants de la philosophie s'affrontent dans un perpétuel combat.

• Aux preuves de la raison, préférons l'épreuve de l'évidence.

• Le concept de valeur apparaît chez le philosophe après qu'il a disqualifié la vérité de la réalité.

• Le matérialisme mécaniste aurait fait de l'homme une machine complexe sans doute, mais une machine quand même. C'est la tradition spiritualiste qui l'a fait échapper à cette erreur.

• Il faut savoir gré au matérialisme d'avoir évité que le spiritualisme idéaliste ne fasse s'égarer l'homme dans les espaces vides de l'entendement pur.

• Être transparent, n'est-ce pas ne rien cacher de ce que tout le monde peut voir ?

• Le vrai courage n'est ni dans l'épée, ni dans l'armure. Il faut l'aller chercher dans la faiblesse de sa peur.

• La vraie grandeur ne rapetisse personne.

• Que faut-il faire pour que l'imagination ne soit pas une puissance trompeuse ? Invitons-la à prendre en compte les deux métaphores de Berkeley : *« le monde est le langage que Dieu nous parle »* et *« nous soulevons la poussière et nous nous plaignons de ne plus y voir »*. Grâce à la première, l'imagination s'ingéniera à penser les êtres et les choses selon le sens le meilleur. Le constat qu'exprime la seconde la gardera de s'abandonner à ses frénésies.

• Le passé n'étant plus en âge de se défendre..., on perd toute exigence de vérité à son égard et on lui fait dire ce qu'on veut.

• Le consensus ersatz de l'universalité.

• Ne donne pas l'exemple qui s'en soucie. Le véritable exemple ne vise pas à être exemplaire.

• Loin de toute ambition mandarinale, le vrai chercheur vise à recueillir la bonne nouvelle de la vérité pour l'annoncer au monde.

• Pasteur disait **vrai,** mais il n'était pas **dans la vérité de son temps.** C'est pourquoi comme le dit Nietzsche : *« toute connaissance nouvelle ne naît que malgré »*.

• Pour sauver ses faiblesses, on se donne à croire qu'elles sont l'inévitable effet de l'accomplissement des devoirs auxquels on se soumet... : mes retards sont dus à des obligations qui passaient avant l'exigence d'être à l'heure, etc.

Le pardon

• Le prix du pardon ? C'est ce qu'on n'a pas oublié.

• L'exigence du pardon qui exprime son essence : pardonner l'impardonnable.

• Il n'y a pas d'harmonie possible dans le concert des relations humaines si l'instrument du pardon n'y joue pas sa partition.

• Le pardon ? Un don qui traverse l'offense et la transfigure. Ou : un acte qui sauve le mal du mal en lui donnant du bien la forme qu'il peut revêtir.

Le secret

• On ne garde un secret que le temps qu'on conserve l'esprit dans lequel il fut confié.

• Test : que lâches-tu le plus facilement : ton secret ou celui d'autrui ?

• Le politicien a ses bavards auxquels il confie les secrets à divulguer.

• Une société qui fait de la délation un devoir est tombée dans le fanatisme.

Assez et trop

• On a toujours assez de cœur pour se dispenser de haïr.

• On a toujours assez de liberté pour choisir de vouloir.

• Heidegger dans *Sein und Zeit*[17] *(Être et temps)* cite une observation de l'Ackermann de Bohème : « *au moment de sa naissance, l'homme est déjà assez vieux pour mourir* » ; ajoutons celle-ci : mais il restera assez jeune pour se donner un avenir.

• On a toujours assez d'assez, à condition d'aller le chercher pour ne pas céder au vertige du manque.

• Louis Veuillot, le pamphlétaire : « *Je n'ai nul effort à faire pour croire les autres plus sages que moi mais ce que j'ai en trop j'ai peur qu'on ne l'ait pas assez.* » Les relations avec nous-même et avec autrui se situent entre le trop et le pas assez : in *medio stat virtus*.

• Médias et individus s'intéressent trop à l'événement, pas assez à l'avènement.

• Aristote l'a perçu avec pénétration, c'est toujours dans un juste milieu que se tiennent le vrai, le beau et le bien.

---

17. p. 245.

Amour et haine

• Il aime ceux qu'il pense lui être inférieurs et leur ménage une affectueuse sollicitude. Il hait ceux qu'il pense lui être supérieurs et leur réserve une opposition constante.

• Il aime ceux qu'il pense lui être supérieurs pour qu'ils l'accréditent parmi eux et hait ceux qu'il estime lui être inférieurs : il s'en écarte afin d'éviter tout risque de confusion.

• Il y a une part d'amour si proche de soi que seul autrui peut la voir.

• Celui qui perd son âme dans l'amour est assuré de la sauver.

• Il se flatte de n'aimer que moi. Il se persuade que je suis tout pour lui. Ce qu'il aime en fait, c'est l'idée qu'il se fait de moi.

• *« Si on me presse de dire pourquoi je l'aymois, je sens que cela ne se peut exprimer qu'en respondant : par ce que c'estoit luy ; par ce que c'estoit moy. »*[18] Si l'on me presse de dire pourquoi je le hais, cela ne se peut exprimer qu'en répondant parce que c'était moi, parce que c'était lui.

• La haine se nourrit d'ignorance.

• *« Si l'amour est aveugle, la haine l'est bien davantage »* (Auguste Comte). Mais il y a une formidable perspicacité de la haine pour savoir où et comment faire mal.

• La gentillesse est un très précieux canal pour donner forme à l'amour du prochain (au cas où on ne saurait comment s'y prendre).

• L'amour s'étouffe sitôt qu'il se fait pouvoir.

• S'aimer soi-même est aussi rare et difficile qu'aimer les autres.

---

18. Montaigne, parlant de son ami La Boétie, *Essais,* « La Pléiade », p. 186 et 187.

Différences

• Beaucoup de différends entre humains n'ont pour cause que leurs différences.

• Pourquoi faut-il que nous pensions nos différences comme étant des marques de supériorité ou d'infériorité, au lieu de les poser comme des différences ?

• Quand nous souffrons de l'attitude d'autrui, est-ce son tort qui est en cause ou le nôtre ? Quant à la méchanceté que nous pensons avoir décelée dans un propos entendu, elle ne procède pas forcément de l'intention que nous lui attribuons mais indique celle qui aurait été la nôtre si c'est nous qui l'avions tenu.

• Il est des personnes qui n'échappent à leurs défauts qu'en combattant ceux des autres.

• Je ne veux pas qu'on lui reconnaisse les qualités qui sont les siennes parce qu'elles me font mal. Je vais m'ingénier à montrer à ceux qui les lui reconnaissent qu'il ne les a pas. Puis, comme on pourrait croire que j'agis par jalousie, je m'efforcerai de les persuader qu'il n'a pas, non plus, les défauts qu'on lui prête. Aussi l'aurai-je détruit dans l'esprit des gens. Il ne sera pas celui qu'il est ; il sera celui qu'il n'est pas… et que personne ne connaît (et pour cause !). Cette manière d'opérer est plus fréquente qu'on ne le pense.

La cigale s'affirme dans sa différence

La vocation de la cigale étant « de chanter tout l'été » et l'accomplissant pleinement elle ne s'abandonnera pas à la mendicité. Elle fera tout pour s'en tirer toute seule. Oui, la fourmi s'est trompée d'adresse :

La fourmi et la cigale

La fourmi ayant trimé
Tout l'été
Se trouva fort bien pourvue
Quand la bise fut venue :
Beaucoup trop de gros morceaux
De mouche ou de vermisseau.
Elle alla chez la cigale
Pour l'inviter à sa table.
Vous me paierez, lui dit-elle,

Estimant la partie belle,
Avant l'oût, foi d'animal,
Intérêt et principal.
La cigale est malicieuse,
C'est là son moindre défaut.
Que faisiez-vous au temps chaud,
Dit-elle à cette vendeuse ?
Nuit et jour, pour tout venant,
Je bossais, ne vous déplaise.
Vous bossiez, j'en suis fort aise,
Et bien ! Pioncez maintenant.

Vertu et vice

• S'il est vrai que *« la vertu porte voile et le vice masque »,* il n'est pas étonnant qu'il soit si difficile de s'y reconnaître.

• La vertu porte ; le vice déporte.

• Quand on manque d'élan pour la vertu, c'est qu'on n'a pas sollicité ses passions.

• On a parfois du génie pour défendre un vice même si celui-ci est la bêtise.

• Un vice chassant l'autre, ainsi entretenons-nous l'illusion d'être vertueux.

• On a tellement banalisé la vertu qu'il n'y a plus que le vice pour se prêter à l'originalité.

• On a besoin des gens vertueux pour oublier ses vices et de gens vicieux pour s'imaginer ses vertus.

• Quand on est contrarié dans ses vices, on devient violent.

• Ne donnent à la vertu de douceur toute sa ferveur que ceux qui ont, dans leur cœur, vécu intensément les tentations de la violence.

• L'horreur que certains vices inspirent constitue le moyen de s'en croire exempt.

• Il faut se garder aujourd'hui de se montrer vertueux si l'on tient à ne pas passer pour un provocateur.

• Si l'on veut éviter que l'humeur devienne mauvaise, il faut y faire entrer l'humour.

• Quels sont les vices qui font l'opinion ? En temps de paix, la jalousie. Durant la guerre, l'orgueil. Mais comme il entre autant de paix dans la guerre que de guerre dans la paix, autant dire que ces deux vices sont toujours de service.

• Si à certains l'acceptation de leurs vices est insupportable, c'est qu'ils s'en imputent la responsabilité à 100 %. Ce sont les mêmes qui se veulent exempts de toute espèce de tort à l'égard d'autrui. D'autres, au contraire, s'en disculpent totalement puisqu'ils en chargent autrui mais, parfois, se reconnaissent une part d'influence dans ceux qu'ils lui affligent.

• Au lieu de faire du mal moral une tendance qui habiterait l'homme, rendons-lui sa dimension de transcendance[19] que l'expression d'« esprit du mal » qualifie, en face duquel l'homme découvre directement sa liberté et son pouvoir d'en user en le chassant.

• Le mal ne se rattache qu'à lui-même.

---

19. Transcendance : dépassement de la réalité par la conscience (*Lexique des sciences humaines, op. cit.)*

Le Français et l'ambiguïté

• Les Français ne s'unissent que lorsqu'ils sont hors d'eux-mêmes.

• Le Français a deux faces d'âme : l'une, côté cour ; l'autre, côté jardin. Il ne se les montre que séparément.

• Lorsque le Français regarde au-dessus de lui, il est socialiste ; quand c'est au-dessous, il devient libéral. Ainsi, se fait-il son opinion politique.

• Entre la liberté et l'égalité, le Français, selon Tocqueville, choisit l'égalité. Est-ce parce qu'il pense qu'il saura toujours se donner la liberté alors que, selon lui, l'égalité est sans cesse à promouvoir ?

Ou est-ce parce qu'il est plus jaloux qu'ambitieux ?

Soi et autrui

• Quand on n'est pas disponible pour soi, on ne peut pas l'être à l'égard d'autrui.

• La disponibilité rend vulnérable.

• Le bonheur des autres les rend méchants, leur malheur les fait bons.

• Si tu te trouves à partir d'autrui, ne prends pas sa place pour te faire reconnaître.

• Si tu te trouves à partir de toi-même, reconnais à autrui sa place.

• Quand une personne dénonce ses faiblesses à la cantonade et qu'elle le fait avec ostentation sur le ton soit de la plaisanterie, soit de l'autorité, on peut estimer qu'elle s'octroie ainsi, pour la paix de sa conscience, le droit de pouvoir continuer d'y céder.

• Le taquin est semblable au torero : il cherche à mettre en colère celui dont il entend faire sa victime pour se donner le droit de l'assassiner de ses mots. Il pose ses banderilles autour du point le plus sensible dont il réserve savamment l'attaque pour plus tard.

• On tire des dividendes de bonne conscience grâce au capital de mauvaise conscience qu'on a placé habilement en autrui.

• S'accepter, c'est renoncer aux privilèges qu'on s'accorde.

• Envier les qualités d'autrui empêche d'accéder aux siennes.

• Rien ne révèle plus ce que l'on est que le conseil que l'on donne.

• Dix fois sur dix, quand on juge autrui, on se trompe.

• On se recommande de la vertu de franchise quand on a l'intention de blesser quelqu'un.

• Dis-moi de quoi et de qui tu te moques et je te dirai ce qui te manque.

• La qualité indispensable à la flatterie est d'être intelligemment dissimulée.

• *« Si tout le monde savait ce que tout le monde dit de tout le monde, personne ne parlerait plus à personne »* (Gabriel Hanoteaux). Si l'on prenait conscience de ce qu'on se dit de soi à soi, on déciderait de se taire à soi-même.

• *« Mais quelque personnage que l'homme entrepraigne, il joue toujours le sien parmi. »*[20] On ne s'oublie jamais en fin de compte.

• Se prêter à autrui, ne se donner qu'à soi-même : égoïsme ? Non, discrétion et souci de servir autrui comme il l'entend.

---

20. Montaigne, *Essais,* « La Pléiade », *op. cit.,* p. 80.

• La redondance du contentement de soi s'affiche dans l'extrême considération que l'on accorde à autrui.

• Amour-propre et respect humain sont des facteurs dont on ne mesure pas suffisamment la place qu'ils occupent dans la vie sociale.

• Ceux qui s'enferment dans la médiocrité sont souvent des tyrans domestiques.

• Se dépasser, s'assumer ne doivent pas être confondus. Certains excellent à aller au-delà d'eux-mêmes mais avant de s'être pris en charge. Ils restent à la traîne de leurs progrès. D'autres se prennent bien en charge mais n'avancent pas d'un poil. Les premiers ne parviennent pas à se rejoindre. Les seconds à se quitter.

• Écoute le ton de ta voix et tu sauras le personnage que tu es en train de jouer.

• Prisonnier de ses opinions, on pense qu'autrui l'est des siennes. Et l'on ne s'avise pas qu'il parle le langage de la raison.

• La poutre ? C'est aussi d'être si lâche qu'on n'ose pas prier autrui de chasser la paille qu'il a dans son œil.

• Il est des personnes qui éprouvent un tel plaisir à contempler leur moi que, très généreusement, elles n'ont de cesse d'en faire profiter autrui.

• D'où vient qu'ils s'entendent si bien ? C'est qu'ils ne s'écoutent pas.

• Commences-tu par être taupe envers toi avant d'être lynx envers tes pareils ? Ou est-ce le chemin inverse que tu fais ?

• En matière de relations humaines on n'est guère plus savant aujourd'hui que ne l'étaient autrefois en chirurgie les barbiers qui étaient chargés d'en pratiquer l'art.

• Pour ne rien devoir à autrui, on préfère la tyrannie qu'on s'inflige à la liberté qu'il propose.

• Au-dedans de soi, qu'est-ce qui règne le plus ? Soi ou autrui ? Le degré d'une offense se mesure-t-elle à l'idée qu'on se fait de soi ?

• Qui ignore ses droits clame bien haut son honnêteté, ce qui est une façon de demander à autrui de les lui faire connaître.

• Personnalité confiture : à la recherche de quelqu'un qui soit pour elle comme du bon pain afin de pouvoir s'étaler.

• L'écran que l'on met entre soi et autrui est la projection du mur que l'on a édifié entre soi et soi-même. Ainsi l'amour qu' offre autrui est-il refusé parce qu'il concerne une part de soi qui est sérieusement cantonnée dans l'oubli.

Le juste et l'injuste

• Il est certainement injuste de supporter passivement d'être l'objet d'une injustice.

• Il y a autant de place pour l'injustice dans l'égalité que dans l'inégalité.

• *« On n'apprend pas la justice aux enfants. Ils la savent depuis toujours. »* (Georges Heuyer, psychiatre). Voilà qui devrait donner à réfléchir à ceux qui pensent que la conscience morale n'est que le fruit d'un dressage.

• Si nous voulons être équitables, pratiquons la douceur.

• Un aumônier de la Santé, au temps où la peine de mort était appliquée, me disait qu'au matin de leur exécution les condamnés se reprochaient, non pas ce qui motivait la sanction qu'ils allaient subir mais des peccadilles de jeunesse où ils sentaient que leur responsabilité s'était vraiment engagée. Qui n'a pas eu de ces faiblesses ?

Orgueil et humilité

• Si la paresse est la mère de tous les vices, l'orgueil en est le père.

• À défaut d'avoir évité le malheur, certains se consolent en pensant qu'ils l'avaient prévu (orgueil).

• Les humiliations que les orgueilleux veulent infliger sont sans prise sur les humbles.

• Il est facile de jouer les humbles quand tout vous réussit. Ce n'est alors qu'un geste d'orgueil de plus.

• Il est difficile d'être humble quand on n'a connu dans sa vie que des humiliations.

• Le service que l'on s'apprête à rendre ne va-t-il pas humilier celui qui doit en être le bénéficiaire ?

• Quand on ne peut nourrir son orgueil que de succès médiocres, on ne dépasse pas le stade de la vanité.

• L'humilité est la première vertu de l'intelligence. La suffisance dont font preuve bêtise et sottise est la manifestation claire et distincte de leurs insuffisances. Le sot pense qu'il se suffit à lui-même ; l'imbécile qu'autrui ne se suffit pas. Le sot s'amuse de ses pensées ; l'imbécile se moque de celle des autres. L'orgueil, c'est la vanité du sot ; la vanité, c'est l'orgueil de l'imbécile. On dit : bête et méchant. Il faut ajouter : sot et naïf. Le bête et méchant exploite la naïveté du sot, ce qui est pour lui le moyen de se venger de sa bêtise. Quant au sot, il se venge de sa naïveté en se posant comme victime de la méchanceté.

• Bienheureux finalement les humbles qui comprennent tout, surtout ce qu'ils ne comprennent pas.

• Bien discerner où s'achève l'humilité et où commence la lâcheté.

L'inconscient

• Aujourd'hui Knock serait psychanalyste et M. Homais son pourvoyeur. Il dirait non plus : ça vous chatouille ou ça vous grattouille ?, mais : ça vous incite ou ça vous excite ?

• Le sexe hier ? Un enfant mis au cabinet noir parce que jugé méchant et qui se venge en donnant des coups de pied à la porte. Freud a prêté l'oreille et s'est amusé à les compter.

• Le sexe aujourd'hui ? Un enfant qui est sorti du cabinet noir avec la complicité de Freud et qui se venge de ceux qui l'avaient incarcéré en faisant des cabrioles.

• Le sexe demain ? À sa place.

• Décrivons le ciel bleu de la vie intérieure et faisons entendre ses harmonies, Freud ayant été le pénétrant oragologue de ses tempêtes.

• Il a des complexes : quelle place fait-il à la liberté dans sa vie ?

• Deux mots pour deux maux. (Lacan à la rescousse)

1. Une femme rêve qu'elle est toute seule au fond d'un autobus. Elle est malheureuse parce que le conducteur l'ignore. Interprétation : celui que vous aimez vous délaisse. Il vous a placée au dernier rang dans le car. Il vous a mise au rancart !

2. Deux frères jumeaux faisaient une carrière militaire brillante, en qualité d'officiers. L'un d'eux, soudain, décida de donner sa démission. Il entreprit des études pour devenir professeur. Son avancement rapide lui permit de conquérir une chaire en faculté. Pourtant, il ne trouva pas dans cette réussite son contentement. En revanche, son frère s'estimait tout à fait heureux de son sort. Comment ce déçu de la vie expliqua-t-il sa morosité ? Son propos, imprégné d'esprit lacanien, est suggestif :

« Je suis entré dans l'armée pour faire comme mon frère, auquel j'avais reconnu un droit d'aînesse, sans doute parce que notre mère le préférait à moi. J'ai fini par m'aviser que je voulais tout faire comme lui. Je trouvais mon originalité dans la forme que je donnais à mon imitation. Tout à coup, ce mimétisme m'est apparu comme une limite. J'ai compris que ma personnalité ne parviendrait à s'en dépêtrer qu'en m'éloignant de mon frère. Je nourrissais l'ambition d'un destin "hors pair". Pour cela, il convenait que je me situe "hors paire". La décision de m'éloigner n'a pas été suffisante. En effet, dans les recherches scientifiques auxquelles je me suis livré dans l'espoir d'aboutir à une œuvre originale, je n'ai fait que reprendre à mon compte des idées à la mode, sans parvenir à m'aventurer sur un sentier qui aurait été vraiment le mien. Je n'ai fait que changer de patron… »

Notre homme ne parle jamais de son père. Il s'est placé « hors père », ce qui est le plus sûr moyen de se « châtrer ».

• *« Celui qui se met au travail enfante son propre père. »* (Kierkegaard) Mais oui, c'est là la vraie loi du père : que le fils soit fils de ses propres œuvres. Ainsi, Rodrigue : il tue l'ennemi de son père.

• À partir de mes vingt ans (trop tard, certes), j'ai pris l'habitude de gagner ma table de travail à 8 heures et de la quitter à 12, pour la reprendre à 14 heures et m'en éloigner à 19. Je dois cette assiduité à mon père ! J'y ai gagné le goût des grands auteurs et de participer, à mon échelle, à leur effort.

• On peut remonter de l'effet à la cause... ou descendre de la cause aux effets : une femme qui vit au-dessus de ses moyens est souvent celle qui vit au moyen de ses dessous.

• Ne jamais dire à un cocu qui s'efforce de reconquérir sa belle qu'il fait flèche de tout bois.

• Chassez Mars et vous ramenez Vénus. Chassez Vénus et vous ramenez Mars.

• Le psychique n'est jamais neutre. Il est tragique et comique (Shakespeare, Dostoïevski, Proust, Molière).

• Il est des psychologues qui s'ingénient à chiffrer l'homme avant d'avoir pensé à le déchiffrer.

• L'imagination a prise sur le passé et l'avenir ; mais si elle entend domestiquer le présent, elle risque la folie.

• Au lieu que l'inconscient reste l'ennemi qui vient du passé, faisons ce qu'il faut pour qu'il soit l'ami de l'avenir.

Antidote

Effets de la désagrégation soit de l'organisme, soit de la conscience, telle était l'explication que l'on donnait des maladies contagieuses et de l'aliénation mentale avant Pasteur et Freud. Le génie de ces deux hommes fut de poser l'hypothèse qu'il n'y a qu'apparence de désagrégation. En fait, il y a détérioration en raison de l'action d'agents très actifs : les microbes d'une part, les complexes d'autre part.

De cette similitude théorique en naît une seconde concernant la thérapie : le vaccin et la psychanalyse qui sont l'une et l'autre une forme de mithridatisme[21]. Inoculer les microbes les moins virulents, s'approcher des complexes à petits pas pour qu'organisme ou conscience s'accoutument à des présences indésirables, n'est-ce pas là même moyen ? Alors viendront les moments où l'organisme pourra supporter sans mourir le microbe le plus virulent et la conscience le complexe dans toute sa terreur.

Pasteur a eu son antidote avec Claude Bernard, qui a cherché et trouvé les agents philogènes qui président au bon fonctionnement de l'organisme. Husserl décrit les structures de la conscience qui acheminent à la connaissance des êtres et des choses : il est l'antidote de Freud.

21. Mithridatisme : fait de prendre du poison pour s'imuniser (*Lexique des sciences humaines, op. cit.*).

Progrès

• À toutes les époques, l'esprit s'est dressé contre les aliénations : le personnalisme fit face à la dictature fasciste, l'existentialisme à celle du prolétariat. Opposons, aujourd'hui, à celle des médias la vérité du monde intérieur. Au seigneur d'autrefois, le valet passait ses bottes, à l'homme d'aujourd'hui la télévision enfile ses pensées.

• Le changement est une chose trop importante pour le confier aux opportunistes et aux utopistes.

• Le changement n'est par lui-même ni bon ni mauvais. C'est la direction qu'on lui donne qui fait sa vertu.

• Il y a une maturité propre à l'enfance, à l'adolescence, à l'état adulte et à celui de la vieillesse, qui est la vertu de chaque âge, et qu'en ces temps on devrait s'efforcer d'acquérir.

• Pour se concilier l'avenir, il faut se réconcilier avec son passé.

• Faute d'en finir avec les batailles d'idées, faisons jouer les mots, afin de se rendre compte si cette méthode ne permettrait pas de départager les adversaires :

1. Les traditionalistes sont par traditionalisme pour la tradition.

2. Les progressistes sont par progressisme pour le progrès.

Ces deux affirmations, rigoureusement parallèles, n'ont aucun point de jonction verbale.

Examinons un second point de confrontation :

1. Les traditionalistes sont par traditionalisme contre le progrès.

2. Les progressistes sont par progressisme contre la tradition.

Si, dans chacun des camps, apparaît le terme de l'adversaire, c'est pour le détruire. Aucune perspective de solution ne se dessine.

Troisième point de confrontation :

1. Les traditionalistes souhaitent que la lutte contre le progrès se progresse.

2. Les progressistes souhaitent que la lutte contre la tradition se traditionalise.

Là, une reconnaissance de l'adversaire est en vue en raison de l'emploi positif de son vocabulaire. Sans doute, n'est-ce pas avec l'intention de le servir, puisque les uns visent le progrès de l'anti-progrès, les autres celui de la tradition de l'anti-tradition.

Il suffirait d'atteindre un quatrième niveau de ce jeu verbal pour que la solution soit trouvée : traditionalistes et progressistes s'entendant pour admettre qu'il faut faire leur place au progrès de la tradition et à la tradition du progrès.

En fait, les choses ont tourné autrement : ce qui est devenu traditionnel, c'est le progrès de la lutte entre traditionalistes et progressistes.

Un mot de La Rochefoucauld en donne la raison :

« Si les torts n'étaient que d'un côté, les querelles ne dureraient pas si longtemps. »

• Démocratiser la culture, c'est rendre aux hommes le feu du sens que l'intelligentsia s'ingénie, par ses prestiges, à lui dérober.

• L'avenir ne sera la plus belle conquête de l'homme que s'il est aujourd'hui le lieu de l'espérance et de la promesse.

• Sous le poids des déterminismes dont on accuse hier, on masque la liberté dont on dispose aujourd'hui.

• Vivre, c'est se passer le témoin et non s'en passer.

• N'attendons pas des esprits avancés une nourriture saine.

• La désobéissance n'a de sens que si elle est fondée sur un devoir supérieur d'obéissance (Antigone).

• Est-ce l'avenir qui donne sens à ton passé ou l'inverse ?

• Il ne faudrait pas que les maisons de retraite deviennent les orphelinats de la vie.

• La société s'organise aujourd'hui pour se prêter de mieux en mieux aux exigences de la statistique. Il faut que l'hétérogénéité des individus dérange de moins en moins l'homogénéité des nombres. Mettre les vieux ensemble pour qu'ils puissent échanger sur le même problème qui se pose à eux tous : celui de l'homogénéité de l'avenir, c'est-à-dire leur fin. L'appétit statistique est ainsi éveillé : parmi ces mêmes vieux, qui sont ceux qui veulent en reculer l'échéance ? qui en acceptent la date ? qui souhaitent l'avancer ? En ce qui concerne cette dernière option, la statistique y trouverait occasion d'en chiffrer les avantages économiques et d'en faire connaître les moyens préférés pour la satisfaire.

• Il y a plus de choses à découvrir et à inventer qu'il y a d'hommes à peupler la terre. Il y en a pour tous. Comme le souligne Pascal : à mesure qu'on a plus d'esprit, on s'aperçoit qu'il y a plus d'hommes originaux.

• Quand des opinions s'opposent et qu'il faut trouver une solution qui départage, la bonne sera souvent celle qui déplaît à tout le monde.

• Préférer un torchon propre à une serviette sale n'est pas un mauvais choix.

• Les médias réussissent leurs meilleurs coups là où le boxeur ne doit jamais frapper : au-dessous de la ceinture.

• Il n'y a qu'en mathématiques que moins par moins donne plus.

• Être libre, est-ce le pouvoir de choisir ou d'être soi ? Mais, si l'on ne peut pas se choisir soi-même tel qu'on estime devoir être, être libre n'est plus qu'être son propre esclave !

• L'échec ? Une marche d'escalier. Si l'on est tourné vers le haut, il accentue la vigilance ; si c'est vers le bas, il précipite la descente.

• A-t-on pensé que le passé peut être aussi neuf que l'avenir ?

• Ceux qui devancent les autres ont généralement su s'attarder où il fallait.

• Soyons toujours prêts à accueillir la bonne fortune, sinon elle s'éloignera sans esprit de retour.

• C'est non pas en enveloppant les autres mais en se développant soi-même qu'on progresse.

• Dans toute faiblesse qui s'avoue se dessine une source de progrès.

• On peut, non pas prendre l'habitude de faire des actes de volonté, mais celle de penser à en faire. Seulement, si l'on n'en effectue pas, cette habitude se perdra.

• Dans nos relations avec autrui, orientons l'échange du côté où sa liberté peut s'exprimer.

• Si, pour le réalisme philosophique de Maritain, il faut distinguer pour unir, pour celui de Teilhard de Chardin, c'est à partir de l'union que la distinction s'opère.

Pouvoir

• C'est dans l'habitude du pouvoir qu'on peut le mieux mesurer le pouvoir de l'habitude.

• À leur mort, combien de tyrans furent pleurés comme des bienfaiteurs de l'humanité !

• Les ambitieux rendent volontiers hommage aux grands morts, parce qu'ils ont laissé des places à prendre.

• Pour s'assurer le concours des événements, il faut en être détaché.

• La qualité du service porte ombrage au pouvoir, qui y voit un rival.

• Ambition dérisoire : faire contrepoids à qui ne fait pas le poids.

• Ceux qui volent au secours de la victoire ambitionnent d'en ravir le prix à ceux qui l'ont remporté.

• Les hommes de pouvoir redoutent les progrès qui risquent de compromettre leur place.

• Le rêve de Sancho Pança devenu ambitieux : être chef de file chez Panurge.

• À la Marne, Foch : *« pour qu'ils m'attaquent avec cette violence, il faut que leurs affaires aillent fort mal ailleurs »*. Aux prises avec des personnages vindicatifs, l'explication serait encore valable.

• Le pouvoir veille soigneusement à se concilier le suffrage des sots parce que ce sont toujours eux qui font l'opinion.

• L'ambitieux ne se lie à aucune vérité, de peur que demain elle ne soit pas d'actualité. Il se prête au goût du jour pour se concilier l'opinion.

• L'homme de pouvoir cache parfois la fermeté de ses desseins sous la nonchalance des attitudes.

• Partager le pouvoir, c'est livrer le pouvoir au partage.

• Avoir le pouvoir désarmant.

• L'homme de pouvoir excelle à refiler aux autres l'ardoise de ses erreurs.

• Selon Merleau-Ponty, une révolution se corrompt sitôt qu'elle prend le pouvoir. C'est dire que, née dans l'excès, elle ne peut exercer qu'un pouvoir d'excès.

• Grec ou Romain ? Le premier acquiert son pouvoir par l'école, par le stade, par l'agora. Le second par la guerre, par les jeux, par la famille.

• Pour qui sait en jouer, la faiblesse peut être un extraordinaire instrument de pouvoir.

• Peut-on faire bénéficier autrui de sa compétence sans céder à l'esprit de pouvoir ?

• Habileté du pouvoir : inspirer la crainte sans jamais faire peur.

• L'intelligence du pouvoir : se souvenir qu'on a souvent besoin d'un plus petit que soi.

• À la limite, la forme la plus dévoyée du pouvoir serait celle que l'homme exerce sur lui-même sans partage.

• Sur quoi fais-tu peser ton pouvoir ? Sur toi ? Sur autrui ? Sur les deux ? Dans quel but ? Pour améliorer tes qualités ou les siennes ? Corriger tes défauts ou les siens ? Pour détruire tes qualités ou les siennes ? Pour exploiter tes défauts ou les siens ?

• D'où le pouvoir devrait-il tirer son autorité ? Des transcendantaux : du vrai, du bien, du beau et de rien d'autre. C'est pour cela qu'il a tant de mal à demeurer légitime.

• Le hasard n'est qu'un effet sans cause. C'est pourquoi il n'a aucun pouvoir.

• Si le pouvoir n'est arrêté par rien d'autre que lui-même, il va au pire.

• Le pouvoir appartient à la catégorie de l'avoir et son devoir est de servir l'être.

• Ceux qui ont l'intelligence de la force ont souvent une intelligence qui manque de force.

• Quand le vouloir manque de pouvoir, c'est qu'il oublie de « faire valoir ».

• On ne doit jamais se mettre au service d'un pouvoir qui n'est pas légitime.

• Au cœur de l'urgence se découvre le pouvoir être du devoir être.

• Les comparses sont souvent plus dangereux que leur chef.

• N'y a-t-il pas au cœur de toute passion un pouvoir de satisfaction qui n'est autre que la satisfaction de pouvoir la satisfaire ? C'est pourquoi celui qui n'a pour passion que l'exercice du pouvoir ne renonce à aucune autre parce qu'il les retrouve toutes en elle. Qu'aimons-nous ? Autrui ? Ou le pouvoir que l'amour procure sur lui ? Mathilde de la Môle se sert ainsi de l'amour pour jouir de son pouvoir. Si elle choisit Sorel[22] pour l'exercer, c'est qu'il est un rebelle, donc difficile à mater… Ce n'est pas un hasard si elle place sa tête de décapité sur sa cheminée ; c'est cette partie de son corps qu'elle entendait dominer.

• Saint Paul : « *C'est lorsque je suis faible que je suis fort.* » La plupart des hommes puisent l'illusion de leur force dans la faiblesse qu'ils prêtent aux autres.

22. Cf. : Stendhal, *Le rouge et le noir*, Hachette, 2011.

• Ce qui fait la faiblesse du pouvoir, c’est sa force ; ce qui fait la force de l’amour, c’est sa faiblesse.

• Ce qui rend encore hésitant après décision prise, c’est qu’elle le fût à une faible majorité. Dans la conscience, comme dans un parlement, la minorité se réveille pour troubler l’exécution…

Vocation

- Au-delà de leur usage, les choses elles-mêmes ont leur vocation.
- La vocation de l'étoile est d'offrir sa splendeur à la nuit et de guider les pas du voyageur.
- La vocation de l'aurore, c'est d'annoncer le soleil (« Si l'aurore annonce le soleil, c'est qu'elle en émane. » Boutroux).
- La vocation de l'arbre, c'est de montrer que, pour se rapprocher de la lumière, il faut sans cesse grandir.
- La vocation de l'animal, c'est de manifester la sagesse de l'instinct.
- La vocation de l'homme, c'est de connaître ce qui est pour être ce qu'il doit être. Ainsi, apportera-t-il son témoignage à la vocation des choses et des êtres.
- Se faire ombre pour ne jamais quitter la lumière.
- Vocation de la mort : peser sur la pensée de l'homme pour qu'il donne au passé tout son sens, au présent tout son prix, à l'avenir tout ce qui peut lui être dû.
- Vocation de l'espace et du temps : accueillir les projets de l'homme.
- Vocation de l'Éternité : être le lieu où s'inscrivent les promesses.
- Vocation de l'amour : être le foyer de rencontre de tous les hommes.

Dieu est amour et liberté

« Cette faiblesse qui a besoin de tous est Dieu. »

Alain, *Les Arts et les Dieux,* « La Pléiade », 1959, p. 1352

Deux extrêmes

La foi dans laquelle j'ai été élevé est celle du christianisme catholique. Elle était placée au centre de ma vie. L'espace qui m'entourait dans ma famille, à l'école, à la ville me parlait d'elle. Il me la fallait sous les yeux : au-dessus de mon lit, un crucifix ; sur ma table de chevet une icône de la Vierge Marie ; un livre : *L'Imitation de Jésus-Christ,* dont, chaque soir, je méditais une page dès l'âge de neuf ans. Dans la maison, toutes les pièces comportaient par une gravure, une peinture, une statue, un symbole qui la rappelait. Une grande image du Sacré-cœur dans la salle de séjour signifiait que cette maison était placée sous sa protection. À l'école, il n'y avait pas une seule salle de classe qui n'ait son crucifix et des statues de la Vierge Marie, de saint Joseph. Quand j'ouvrais ma fenêtre, ce sont les clochers des églises qui s'imposaient à mon regard, autour desquels toutes les maisons semblaient être regroupées.

Le temps qui rythmait mes années, mes jours, scandait le témoignage de **l'engagement au service de ma foi.** Les fêtes de la liturgie donnaient aux quatre saisons leur sens religieux : Noël, nuit où la lumière va naître sur la terre ; Pâques, époque où les fleurs éclosent ; l'Ascension, l'Assomption, moments de la pleine floraison et de la fructification, où la richesse des finalités de la nature expriment le don de Dieu et la confiance que les hommes ont à Lui faire ; la Toussaint, enfin, qui, avec la chute des feuilles et le raccourcissement des jours, invite à chanter la gloire des élus et à s'imposer de la mériter. Mais c'est, au jour le jour aussi, que **la foi devait inspirer toute action et, donc, lui donner son sens.** Chaque heure de cours était précédée du *Veni sancte spiritus*[23] ; le *Sub tuum*[24] la clôturait. Prière du matin, du soir,

23. Viens Saint Esprit.

24. Sous ta protection.

angélus à midi, bénédicité avant les repas, grâces à la fin, entouraient les événements réguliers de tous les jours.

Ces aménagements de l'espace et du temps sont évidemment faits pour qu'on ne puisse pas oublier que toute la vie doit être au service de la Foi, en l'occurrence de la Foi catholique. On conçoit qu'une telle organisation ait pu fortement imprégner les consciences. Suffisait-elle à les convaincre ?

Faisant retour au passé pour tenter d'en tester les souvenirs qui me reviennent, je ne puis pas affirmer que cet environnement ait eu une influence directe sur mes raisons de croire. Mais, ce qui me marquait de façon indéniable, c'est « l'autre côté » de ces espaces et de ces temps que, dans leur organisation, ils sont censés désigner : Dieu, la Personne, à laquelle je puis m'adresser directement. C'est pourquoi je crois pouvoir dire, sans crainte de me tromper, que je ne me suis jamais lassé de ces heures de prières, d'offices liturgiques... J'établissais un contact intense, chaleureux avec Celui autour duquel la société – familiale, culturelle, religieuse – organisait ma vie éducative. Je ne ressentais pas de contraintes institutionnelles ; elles s'étaient mises au service des prières que je pouvais entretenir avec l'Être, dont mes parents, grands-parents et les éducateurs, qui comptaient pour moi, disaient qu'Il était celui de l'Amour et du pardon des faiblesses.

La dichotomie

La religion de ma Foi trouvait son sens dans l'amour du prochain, dans le développement des sentiments d'amitié, dans l'entraide, dans la joie de servir, de donner, dans la gaieté... Chaque jour devait être un jour de fête. J'avais besoin de vivre dans l'exubérance de la bonne humeur, de rencontrer le sourire d'autrui, son contact chaleureux.

La misère d'autrui, la pauvreté, la maladie, la mort, l'injustice sociale me révoltaient. Je ne comprenais pas la vindicte, la brutalité... Je ne pouvais pas ne pas constater toutes ces misères et, notamment, la pire de toutes : la mort, celle de l'être aimé.

Ma Foi et le problème du mal

Il m'a fallu du temps pour que je mette en rapport ma foi avec un Dieu d'amour, auquel je demandais de m'inspirer pour trouver à faire des actes de générosité, et le problème du mal. C'est vers l'âge de dix ou onze ans, que j'ai commencé à questionner à ce sujet. Bien entendu, on m'a renvoyé à la doctrine ! Oui, Dieu est Amour. Mais l'homme dans et par sa faiblesse a rompu par sa désobéissance la fidélité qu'il Lui devait, comme à son Créateur. Il subit les conséquences de cette faute. Je reçus l'information, qui devait me faire comprendre comment tous les hommes avaient commis cette faute... péché de la nature humaine à travers Adam... Les hommes doivent maintenant se racheter... Dieu s'est fait homme pour assumer cette faute et ouvrir ainsi à tous les hommes les portes de la Rédemption...

Oui, je pense avoir bien reçu l'explication de la théologie[25] traditionnelle. Mais j'avoue que je ne l'ai jamais bien acceptée. Elle est demeurée en moi sous la forme d'une question : comment la perfection de la Toute-puissance de Dieu peut-elle échouer à éviter à tant d'hommes une destinée terrestre, affreuse, injuste, si vraiment Il est, étant parfait, tout Amour ? Plus cette question s'est imposée à moi, moins je me suis intellectuellement soumis – à défaut d'accepter – à l'explication traditionnelle qu'on m'avait dispensée. J'ai bien eu une autre interprétation du problème du mal : le péché, étant condition de rédemption, il fallait bien que l'homme désobéisse, sinon Dieu n'aurait pas pu se faire Sauveur... J'avoue que cet argument ne me satisfait pas mieux. Au contraire : il aggrave, selon moi, le cas de Dieu, si je puis parler ainsi.

La rencontre du mal moral

Peut-on apprécier avec une certitude absolue la responsabilité morale qui est la sienne à la suite d'actes dans lesquels on s'est engagé en tentant d'y mettre toute sa lucidité ? Jamais. Il faut le dire : les progrès de la psychologie, notamment ceux que nous devons au génie de Freud, montrent que nos motifs de choix, que nous croyons le fruit de délibérations claires, sont inspirés par des tendances que le passé de l'enfance a forgées en nous à notre insu. Spinoza, qui ne connaissait pas l'œuvre de Freud, mais qui, en revanche, avait une profonde expérience de la servitude de l'homme, écrivait que l'on se croit libre chaque fois qu'on ignore les causes qui font agir. Je dois dire que lorsque j'ai été confronté à des situations tragiques, où l'opinion générale et la justice prenaient des décisions de condamnation, je me suis rendu compte que la responsabilité des prévenus était relative et que de terribles forces avaient pesé sur leurs déterminations plus que leur liberté ne les avait décidées. Il est vrai qu'en raison de la nature de ces situations, j'ai tout lieu de croire que j'ai le droit de généraliser mon point de vue : avec un autre passé, avec d'autres expériences de vie, le choix de liberté aurait été certainement différent.

Je n'ignore pas non plus que la doctrine augustinienne a dit son mot à ce sujet : on peut être plus ou moins tenté de mal faire, mais on ne l'est ja-

25. Cette théologie, me fait observer l'expert, est augustinienne et n'est pas sans être aussi marquée par Jansénius. J'en étais imprégné. Il faut donc relativiser mon propos...

mais au-dessus de ses forces… Donc, on est toujours coupable quand on cède…

J'avoue que cette position me laisse perplexe. Quand on sait le rapport qu'il y a entre la criminalité et les milieux socialement, psychologiquement et matériellement défavorisés, on ne peut pas se contenter d'affirmer qu'on est toujours coupable quand on a cédé… sous peine d'être odieusement injuste. Même si l'on prend les actes répréhensibles qui se produisent dans les milieux favorisés, on s'aperçoit qu'ils sont le plus souvent commis par ceux qui ont eu à souffrir d'injustices, de frustrations particulièrement aliénantes.

Une autre explication vient à la rescousse, vis-à-vis de laquelle j'éprouve plus que de la réticence… : sans doute, y a-t-il d'affreuses injustices dans le monde, certains n'auront connu qu'elles au cours de leur passage terrestre, cependant il faut garder à l'esprit qu'ils ont péché en Adam, de plus que ces injustices, dont ils sont victimes, servent et leur propre rachat et celui des autres hommes… Or ces hommes, dont le sort terrestre n'est pas enviable, ont à l'offrir à Dieu et à trouver consolation en pensant qu'ils ont été choisis par Lui pour être les victimes, les plus proches par les sacrifices qui leur sont demandés de celui de son Fils.

Mais il s'agit souvent de personnes qui n'ont jamais entendu parler de Dieu, qui vivent et meurent dans le désespoir absolu. Sans doute, objectera la tradition, que, dans l'au-delà, dans l'éternité de la transfiguration, ce désespoir sera réparé, aura sa récompense. Tout cela devant être placé sous le signe de la foi !

Eh bien, non. Je ne suis pas d'accord. Saint-Exupéry s'interrogeait : ce pont vaut-il le prix d'un visage écrasé ? Je dis au risque, oui, de blasphémer : cette éternité d'amour vaut-elle le prix du désespoir de cet enfant torturé, séparé de ses parents ? Oui, Dieu aurait pu s'en tirer à meilleur compte, s'il était tout-puissant et tout amour, en agissant directement sur eux…

Dieu de justice ou Dieu d'amour

Je ne tire pas de ces critiques une conclusion d'athéisme ; je ne renie pas ma Foi. Je me retrouve toujours dans le Dieu d'amour et de pardon de mes jeunes années. Mais le **Dieu de justice** qui condamne des hommes qu'il a créés et qui va jusqu'à les « damner pour une éternité de supplices » comme le disaient du haut de la chaire des prédicateurs venus enseigner la « vraie » doctrine, non ce Dieu, je ne peux pas l'admettre. Alors, non seulement Dieu impose à certains hommes une destinée terrestre horrible, mais encore il réserve à d'autres, et peut-être aux mêmes, un châtiment d'une cruauté insupportable ?

J'avoue que lorsque je pense à la damnation éternelle, je suis pris de vertige ! Un **Dieu d'Amour** ne peut s'en tenir à une décision pareille. Qu'on ne vienne pas dire qu'il appartient aux hommes de ne pas se damner eux-mêmes, Dieu faisant tout ce qu'il faut pour leur éviter cette éventualité ! Je répondrai à cet argument que, s'il devait en être ainsi pour un seul d'entre eux, Dieu devait s'abstenir de créer le monde. Cette perspective de damnation éternelle est si abominable qu'un philosophe catholique, aussi soucieux de vérité doctrinale que Jacques Maritain, a laissé entendre à son correspondant, le romancier Julien Green, qu'il envisageait une soumission de Satan à Dieu et un salut généralisé. L'écrivain catholique Giovanni Papini n'a pas dit autre chose dans un écrit qui précéda la seconde guerre mondiale.

J'en reviens à l'idée que, selon moi, Dieu n'est pas tout-puissant. Si j'entendais me livrer à des développements philosophiques, je parlerais de la création, afin de montrer qu'elle est en elle-même et par elle-même une preuve de la faiblesse de Dieu. Oui, Dieu n'a pas pu, à lui tout seul, assurer à l'homme le bonheur éternel ; pire : il n'a pas pu éviter qu'il soit aux prises avec des destinées affreuses, des maladies douloureuses, la séparation définitive de la mort, pour m'en tenir aux réalités de la nature, sans parler des souffrances que, dans son intolérance, l'homme fait subir à l'homme, sans qu'on puisse pour autant l'en rendre à 100 % responsable.

Malgré ce constat, que l'expérience que j'ai de notre siècle n'est pas faite pour démentir, je n'ai pas abandonné la foi de mon enfance pour la raison que j'en ai donnée et qui est, en moi, toujours vivante. Seulement, elle en a rencontré une autre qui, elle, ne pouvait que la rejeter ; ma conscience se trouvait tirée entre deux extrêmes, dont l'un disait « oui » au **Dieu d'Amour et de Pardon** et l'autre « non » au Dieu de damnation, de souffrance, de douleur et de mort.

Faiblesse de Dieu et amour

L'idée qui s'est imposée à moi fut la suivante : Dieu n'est pas tout-puissant ; il existe bien en qualité de créateur du monde, mais il n'a pas le pouvoir de faire tout ce qu'il veut. Ne puis-je pas plaider en faveur de la **faiblesse de Dieu ?**

Pourquoi me maintenir en la foi d'un Dieu créateur si c'est pour en reconnaître les faiblesses ? N'est-il pas plus conséquent de se résoudre à admettre, simplement, que l'homme est livré à l'existence, au monde par des forces aveugles… ? Si, vraiment, un être plus fort que l'homme existait et l'avait créé, on ne peut s'empêcher de penser qu'il pourrait se montrer à lui de façon plus ostensible et lui venir directement en aide. N'est-il pas plus courageux de reconnaître que l'homme est un simple effet de nature et qu'il a à forger son destin en recourant aux seules forces dont il peut parvenir à se rendre maître ? Ce message d'amour et de pardon, n'est-ce pas l'homme qui a pu se le programmer à lui-même ? Pourquoi en faire le fruit d'une intervention de la divinité ? N'est-ce pas se donner, encore, l'illusion d'une origine surnaturelle pour échapper à un destin de finitude que, par le moyen d'une théorie, on parvient à se cacher ?

Pourtant, j'ai décidé de garder ma foi en un Dieu d'amour et de pardon. Pourquoi ? Par optimisme ?

Je retiens du programme que le Dieu des chrétiens offre au monde les points suivants :

1. La promesse de l'éternité à condition qu'elle soit pour tous les hommes.

2. Une éternité qui sera celle de la vie de l'amour, à l'exclusion de toute forme de douleur et de souffrance.

3. Une vie terrestre qui devrait s'inspirer de plus en plus, de mieux en mieux, des principes d'amour, de partage, d'entraide, et qui devrait être consacrée aussi à la culture des œuvres de vérité, de beauté, qui contribuent au progrès de l'amour, de l'esprit de partage et d'entraide.

J'ai dû me libérer de deux idées, fausses, que je m'étais faites de Dieu.

1. Celle de Dieu impitoyable vengeur (Dieu de carnaval). Ce n'est pas parce que l'injustice doit être combattue qu'il faut punir celui qui la commet. On a mieux à faire : l'aider pour qu'il en soit délivré.

2. Celle de Dieu se suffisant à Lui-même, n'ayant que faire des autres... (Dieu des philosophes).

Potache d'éternité

Vieil enseignant, fils d'un père enseignant (à nous deux, c'est plus d'un siècle de présence dans l'enseignement privé catholique), une question m'est venue à l'esprit **: les problèmes que Dieu rencontre avec l'homme ne sont-ils pas analogues à ceux de l'enseignant avec ses élèves ?**

Pourquoi Clément d'Alexandrie a-t-il écrit un livre qu'il a intitulé : *Le Pédagogue*, où il présente, en effet, le Christ comme étant le pédagogue de l'homme ?[26] : *« Pour nous, qui sommes des hommes et avons à réaliser la perfection à l'intérieur de cette condition humaine, c'est évidemment le Verbe en tant qu'incarné qui doit nous servir de modèle, il nous vient en*

26. Clément d'Alexandrie, prêtre et auteur d'une œuvre d'apologétique chrétienne, né vers l'an 150 à Athènes ou à Alexandrie, mort vers 215. son ouvrage *Le Pédagogue* a été publié en 3 volumes aux éditions du Cerf en 1960, coll. Sources Chrétiennes.

aide et comme homme et comme Dieu. »[27] Je n'ai pas trouvé dans l'œuvre de Clément d'Alexandrie la distinction entre éducation et pédagogie. Mais il m'a semblé que, pour lui, **l'éducation demandait pour devenir effective l'intelligence pédagogique.** L'éducation énoncerait les finalités ; la pédagogie les moyens. Et le moyen principal est pour Clément l'imitation de Dieu : « *Normalement la notion de ressemblance s'insère dans un contexte dynamique : elle est présentée moins comme acquise qu'à conquérir, disons mieux : à reconquérir.* »[28] Pour cela, la vie du Christ, prise dans la simplicité de tous les jours, procure des modèles : « *Le Seigneur mangeait sur une assiette simple, il faisait coucher ses disciples sur l'herbe par terre, il leur lavait les pieds, ceint d'une serviette de toile, lui, le Dieu sans orgueil, Seigneur de l'univers, et il ne portait pas un bain de pieds d'argent, venu du ciel ! Et il demandait à boire à la Samaritaine dans le récipient de terre qui lui servait à tirer l'eau du puits : il ne cherchait pas l'or des rois, mais il enseignait à étancher la soif sans faire le difficile. Ce qu'il proposait comme but, c'est l'utilité et non pas une ostentation oublieuse du vrai bien. Il mangeait et buvait dans les banquets, sans faire déterrer des minerais, sans user de ces instruments qui dégagent une odeur d'argent ou d'or, c'est-à-dire de vert-de-gris, ce relent d'une matière orgueilleusement boursouflée.* »[29] Nous devons, comme le dit Marrou[30], « *nous habituer à vivre dans la compagnie du Verbe omnipotent, omniprésent* ».

Est-ce à dire que toute la pédagogie de l'homme est contenue dans les textes sacrés et dans ceux de leurs commentateurs ? Clément invite à ne pas négliger « *la sagesse du monde* » ; il va puiser des renseignements pédagogiques chez Homère et les poètes, les tragiques et les comiques, chez les philosophes, Platon, qui demeure son auteur de prédilection, chez des matérialistes et des hédonistes, comme Épicure ou Aristippe de Cyrène... etc. La position de Clément est, pour moi, très éclairante. Il faut, en effet, toujours se référer au modèle du Christ. Cette exigence ne comporte pas l'exclusion de l'apport que, par leur effort propre, les hommes sont en mesure de se donner aux uns et aux autres. Pourquoi avoir recours à l'expérience humaine, à la sagesse du monde, si celle de Dieu lui-même est là pour éclairer la route ?

27. C. d'Alexandrie, *Le Pédagogue,* tome 1, Cerf, 1976, p. 37. Introduction d'Henri-Irénée Marrou.

28. *Ibid.,* p. 38.

29. *Ibid.,* p. 83.

30. *Ibid.,* p. 39.

Parole du Christ et sens pédagogique

C'est justement parce que le rôle du Christ est « pédagogique » que l'homme doit faire lui-même l'apprentissage de la sagesse du monde. Le rôle pédagogique n'a jamais été de dispenser l'élève de l'effort personnel, de la découverte du sens, du développement de l'intelligence. J'ai donc non seulement le droit mais aussi le devoir de bien comprendre ce que peut dire : **rôle pédagogique de Dieu.** M'appuyant sur mon expérience d'enseignant, au soir de ma vie, je confie à Dieu cette modeste dissertation de potache d'éternité.

Un Dieu qui a failli s'ennuyer

Mais oui, pourquoi diable Dieu a-t-il créé le monde ? Il n'en avait que faire. N'était-il donc pas tout, le tout qui se suffisait à lui-même ? Mais non, il n'est pas tout : il ne peut être que lui-même. Oui, il est Seul et il s'ennuie de son éternité ! Alors, se pose à Lui la question de la création et de tout ce qu'elle va impliquer. Oui, puisque Dieu veut échapper à sa solitude, il lui faut des interlocuteurs avec lesquels il pourra échanger. Il se voit dans l'obligation de prendre le risque énorme de les douer de **conscience** et de **liberté,** c'est-à-dire de les créer « à son image et à sa ressemblance ». Sans doute, Dieu n'enferme-t-il pas son ambition dans le seul but d'échapper à sa solitude ; il entend faire participer à son éternité le fruit de sa création, tout comme le maître vise à faire de son disciple, à son tour, un maître.

L'exigence d'un monde

Le maître n'est un maître que parce qu'il maîtrise un champ de connaissances théoriques ou pratiques : il y a l'école du philosophe comme l'atelier du maître verrier... Dieu donne à l'homme le monde pour qu'il s'emploie à en déchiffrer le sens, à en exploiter les ressources. Oui, à ce titre, l'homme a à se faire disciple de son créateur. Ce sera la voie qu'il aura à suivre s'il s'ouvre à l'idée de le rejoindre.

Oui, tout maître ne sera maître vraiment que s'il donne à son futur disciple un objet à connaître, à élaborer, voire à transformer, pour qu'il se rapproche de lui. Et le maître qui connaît son affaire sait doser son exigence en donnant des tâches dont il sait que le disciple aura l'intelligence, de telle sorte qu'il comprenne que lui, son maître, est au service de ses progrès. C'est la compréhension que le disciple a du texte qui le fait accéder à **l'intelligence pédagogique de son maître** et qui le fera adhérer à l'idée d'être le disciple de celui qui lui permet ainsi de croître en savoir et en sagesse.

C'est bien ce dont l'être au monde qu'est l'homme peut s'aviser. L'intelligibilité du monde se révèle à lui avec un déploiement dans le temps qui ne fait que se confirmer.

Quand on pense que pendant tout un temps, la religion, les religions, les croyances en Dieu, ont condamné la science et les techniques, ne voulant y voir que le fruit des puissances du mal ! Cela se conçoit pour autant qu'on ne pensait pas que le rôle de Dieu ait pu être « pédagogique ». Précisons ce point : on a pu croire que Dieu exerçait son pouvoir d'éducateur en rappelant aux hommes par des morts subites, par des séismes, que cette terre était une vallée de larmes, un lieu d'expiation, qu'il devait purement et simplement envisager ses fins dernières et ne pas s'attacher à cette planète qui n'était qu'une sorte de purgatoire... C'était donner une image réductrice de Dieu Père et éducateur et c'était méconnaître le sens pédagogique de la situation de l'homme être au monde. En effet, séismes, morts subites ne doivent pas être l'occasion d'un rappel au repentir, mais la raison d'efforts de discernement. Comprendre les lois du monde. Dieu Père est pédagogue. Un pédagogue n'a pas son modèle dans un Jupiter tonnant. Dès lors, tous les efforts accomplis par les hommes pour acquérir l'intelligence de cette planète pouvaient passer pour des actes de rébellion, à l'encontre de la volonté divine : je ne vous ai pas mis là pour scruter les secrets de mon œuvre. Vous avez autre chose à faire : conquérir votre salut.

Intention pédagogique de Dieu

Si telle avait été la volonté de Dieu, il s'y serait pris autrement : il aurait rendu opaque les lois de l'univers, au lieu de provoquer l'intelligence des hommes en laissant paraître à leurs yeux émerveillés l'harmonie du champ des étoiles. En admettant même qu'il ait voulu seulement par la beauté du décor les inciter à lui rendre hommage, il lui aurait été facile de les décourager de chercher à en connaître davantage, en dissimulant les causes qui présidaient à leur ordre. Au contraire : j'ai tout lieu de penser que Dieu a voulu que son œuvre parle aux hommes le langage de l'intelligence afin de les inciter à en pénétrer les secrets. N'en est-il pas toujours ainsi dans les plus petits détails de la vie de tous les jours ? Le monde montre « à fleur de peau » des rapports de cause et d'effet : le ciel se remplit de nuages et la pluie vient. Ils s'en vont et le soleil revient. Aujourd'hui, l'homme rencontre les lois complexes de la nature et il en atteint l'intelligibilité avec une maîtrise grandissante. Il en tire des effets de bien-être de multiples sortes : santé, durée de vie allongée, confort amélioré, et il se comprend mieux lui-même et, de ce fait, s'ouvre à l'intelligence d'autrui.

J'en tire une conclusion : Dieu place le **salut de l'homme en l'homme.** Il y a quelque chose d'enfantin à rendre l'homme dépendant d'une récompense divine parce qu'il se sera montré docile face à des consignes formelles... ! En revanche, en donnant à l'homme un monde à humaniser, Dieu traite l'homme en adulte, en **être libre et responsable :** voici un immense chantier à travailler où tu pourras, si tu le veux, donner les mesures de tes capacités. À toi, de jouer.

C'est là le programme de tout bon pédagogue : **mettre l'élève devant le texte** de la version latine, l'énoncé du problème, le sujet de dissertation... **pour qu'il en découvre lui-même le sens. Le pédagogue ne doit d'aucune manière en prédéterminer la performance** afin que son élève puisse en retirer les mérites. Plus encore : le pédagogue doit songer lorsqu'il élabore la tâche de l'élève à sauvegarder toutes les chances pour que ce dernier « se sauve » tout seul, de telle sorte que, à l'heure du succès, ce même pédagogue ait pour **obligation de disparaître.** S'il doit revenir un jour auprès de son élève d'hier, c'est pour **s'entretenir, avec lui, d'égal à égal.**

Pourquoi cela ne serait-il pas le projet de Dieu ? Projet parfaitement pédagogique.

Forces et faiblesses de la pédagogie de Dieu

Dieu a une supériorité sur l'homme pédagogue : c'est celle de l'avoir précédé. Il donne à ses élèves, les hommes, un document à déchiffrer : le monde, dont il laisse le sens apparent de la façon la plus sensible. Après cela, l'homme pédagogue ne peut auprès de son élève qu'utiliser le document de première main créé par Dieu... et s'il en fabrique, à sa façon, ce sera inévitablement en référence à ce premier... En outre, le genre d'effort qu'il demandera à son élève sera analogue à celui que demande Dieu à son élève, les hommes, à savoir le déchiffrement de ce texte qu'est son œuvre : le monde. L'homme pédagogue bénéficie de l'ajustement que Dieu a intelligemment combiné pour que les activités de l'homme et les choses et êtres qui garnissent le monde puissent s'harmoniser dans la connaissance.

Une autre supériorité de Dieu sur l'homme pédagogue est que Dieu s'y entend à merveille pour procurer à l'homme, de façon quasi redondante, des raisons de s'interroger sur le sens de ce qu'il voit, touche, entend, vit intérieurement... Le pédagogue-homme doit chercher pour son élève des situations pédagogiques, c'est-à-dire telles qu'elles l'incitent à **se poser des questions qui le poussent à en vouloir tirer des réponses.** Dieu n'a rien à ajouter à son œuvre pour la rendre pédagogique. Elle l'est, on peut dire, par nature.

Seulement, Dieu est contraint de se tenir loin de son élève. L'homme pédagogue, au contraire, peut assister son élève, tout au moins durant le temps de ses premiers pas, c'est-à-dire avant qu'il n'ait atteint la maturité de son autonomie. Je n'oublie pas que le but du pédagogue est d'amener l'élève à se sauver tout seul. Seulement, avant cette heure, sa présence, prévenante, a sa raison d'être. Elle est gratifiante pour lui et pour son élève. Dieu ne bénéficie pas de ce genre de contentement.

L'absence de Dieu

Pourquoi Dieu brille-t-il par son absence ? Je crois que c'est pour deux raisons dont chacune est suffisante, sans cesser d'être pédagogiques.

La puissance de Dieu est trop grande pour que l'homme puisse être en communication directe avec lui sans défaillir. **Le pédagogue-homme sait par expérience qu'il ne doit jamais abuser du pouvoir de son savoir, s'il veut que son élève se mette en marche.** Mais Dieu est d'une seule pièce. Il est tout en acte. Son savoir, son pouvoir sont éternellement à visage découvert, si je puis m'exprimer ainsi. Je dirai vulgairement qu'il ne peut pas se camoufler. Dès lors, on ne saurait lui reprocher de ne pas se montrer aux hommes. C'est le prix qu'il doit payer à sa divinité. Il est toute liberté ; or, l'homme a à libérer la sienne… : la vue de Dieu l'anéantirait purement et simplement. C'est donc par **exigence pédagogique** que Dieu se situe en dehors du champ de connaissance qui est ouvert à l'homme. De ce fait, il est loisible pour l'homme **d'imaginer Dieu, tel qu'il peut l'aider à conduire sa barque.** Oui, un Dieu à sa mesure, mais auquel il prête des conseils qui sont justement ceux qui peuvent le servir, parce qu'il est, en effet, le mieux placé pour se les donner à bon escient. Oui, Dieu pourrait présenter les raisons positives de son absence sur le mode suivant : « Bien sûr, si je faisais face aux hommes, ils ne pourraient pas conserver leur quant-à-soi et faire fructifier leur liberté ! Mais en leur donnant un monde qui n'a en réalité aucune raison d'être en dehors de mon acte créateur, ils sont portés à m'imaginer et aussi à interpréter mes actions, en particulier le rôle que je pourrais avoir auprès de chacun d'eux. Cela suffit pour qu'ils découvrent le conseil que je leur communiquerais si j'avais le contact direct avec eux. Ne vaut-il pas mieux qu'il en soit ainsi ? L'homme se rapproche de moi, de lui-même, par lui-même, en raison donc de la situation que je lui ai faite ? Si c'était moi qui devais me rapprocher de lui, je risquerais d'aliéner sa liberté et de compromettre mon œuvre créatrice. »

La seconde raison renforce la première. Le génie pédagogique de Dieu fut d'offrir à l'homme un monde à connaître. Imaginons Léonard de Vinci ou Jean-Sébastien Bach proposant à des hommes qui souhaitaient faire leur connaissance de commencer par regarder et par écouter leurs œuvres et, à travers elles, de chercher à s'imaginer leur personnalité. C'est après cette initiation que date serait prise pour une rencontre. Une telle mesure paraîtra, sans contredit, pleine de sagesse pédagogique. *A fortiori,* s'il s'agit de Dieu, dont l'œuvre a une toute autre dimension que celle des auteurs les plus glorieux.

Ce qui, sans doute, est en jeu

Qu'est-ce que Dieu peut attendre des conquêtes du savoir par les hommes ? Eh bien, l'intelligence de Lui par celle de son œuvre. En accédant à elle, il acquiert la capacité de l'imaginer, tel qu'il est, sans être anéanti par sa puissance. Quand on a bien médité les chefs-d'œuvre d'un auteur, au point de les sentir vivre au-dedans de soi, on est bien armé pour s'entretenir avec lui, sans être trop intimidé. Cet argument, par comparaison, n'est pas assez fort. Ce qui est ici enjeu est, selon moi, d'une toute autre portée pédagogique. Dieu a donné le monde aux hommes et pour qu'il le connaisse et pour qu'il le transforme, de telle sorte que son œuvre devienne de plus en plus la leur. Il est incontestable que sa physionomie se modifie et que les forces qu'ils tirent d'elle dépassent tout ce qui pouvait être imaginé. Or, cette connaissance du monde et ces transformations qui révèlent d'insoupçonnées ressources permettent certainement aux hommes de mieux savoir ce que peut être Dieu, si jamais il en est l'auteur. De plus, par tout ce travail entrepris et effectué, les hommes développent aussi leurs capacités d'intelligence. Ils deviennent des virtuoses de l'esprit. On peut estimer qu'ils se rapprochent, ainsi, de celui de Dieu.

Pourquoi ne pas aller jusqu'au bout dans cette voie ? Pensons à toutes les galaxies, à l'infiniment grand et à l'infiniment petit. Pensons aux conquêtes du savoir possible qui n'est pas sans objet..., puisque l'univers déborde l'homme. Laissons aussi ce qui est à grande distance... : il y a aussi tout l'infiniment proche de l'homme qui est encore bien loin d'être conquis : les sentiments personnels, les relations avec autrui, le sens des excès, des défauts... Je conçois que Dieu se soit servi de son œuvre pour **ouvrir l'intelligence de l'homme à la compréhension de son être.** J'imagine la pensée de Dieu : « Quand les hommes seront parvenus à parcourir l'univers, à rendre habitables d'autres lieux que la terre, quand ils auront pénétré les lois les plus intimes de la matière, quand ils auront maîtrisé les élans de la sensibilité et harmonisé leurs relations, ils seront devenus si proches de moi que je leur apparaîtrai tout naturellement, non pas comme un objet, mais, à la fois, à l'origine et à la fin de leurs actes. C'est dans le développement de leurs activités qu'ils doivent m'espérer. Ils sont encore loin du compte, mais dans la bonne voie. »

Qu'en sera-t-il de Dieu et de l'éternité pour les hommes ?

On ne peut s'empêcher de penser à un immense gâchis ! Tous ces milliards d'hommes sacrifiés à l'homme d'un futur lointain... Combien seront-ils d'hommes, du reste, qui bénéficieront enfin de la réussite de la création ? Sans doute, peut-on imaginer l'acceptation généreuse de tous ces hommes qui passent sur la terre à partir du moment où ils pensent que leurs efforts ne sont pas vains et que, dans l'avenir, leur descendance vivra l'accomplissement de leur espérance. Combien d'hommes, et des plus jeunes, ont, au cours de l'histoire, donné leur vie pour la sauvegarde de la liberté et la promotion de la justice ? Il faut penser que l'éternité sera pour les enfants de l'an trois mille... et encore. Même si le progrès scientifique et technique s'accélère toujours, même si, sans excès d'optimisme, on peut escompter, dans les décennies qui vont venir, un assainissement dans les relations entre les hommes, le chemin à parcourir, pour que l'homme parvienne à se donner une civilisation qui soit celle de l'amour et de la justice, est encore long... Il semble impossible que l'homme puisse être au niveau de sa propre excellence – ce dont il faut savoir que son atteinte est la condition de son accès à sa rencontre avec Dieu pour partager son éternité – sans de très profondes remises en question de ses habitudes les plus intimes.

Des générations devront donc continuer leur labeur. Elles seront comme toutes les autres qui les ont précédées, celles du sacrifice à celle de l'avenir. Doit-on s'arrêter là ? Ne peut-on pas espérer davantage ?

La résurrection pour tous les hommes est-elle impensable ?

Je ne veux pas taire l'espérance que je garde précieusement dans mon cœur sans nier qu'elle puisse paraître folle à beaucoup de gens « raisonnables ». Je vais donc rêver. Est-il raison pour lui donner figure d'existence possible ?

La science et les ruptures qui marquent son progrès

La théorie de l'attraction universelle a constitué, dans l'histoire des sciences, plus qu'une étape décisive mais s'y installait, de façon qu'on pouvait penser définitive, l'idée du déterminisme universel. Restait un point faible : le concept d'attirance d'où partait tout le système. Interrogé à ce sujet, Newton aurait répondu : *« Hypotheses non fingo »*. Ce qui voulait dire : je ne constate rien d'autre que le phénomène de l'attirance, à savoir que ces corps tirent ou sont tirés les uns vers les autres sans que je puisse en dire plus. Je n'ai pas, de ce phénomène, d'explication à proposer.

Or, c'est justement ce mot d'attirance qui parut impropre à désigner le phénomène de rapprochement des corps. Oui, en toute rigueur pouvait-on dire, il y a rapprochement. Mais y a-t-il « attirance » ? Le mot attirance connote, en effet, le sens d'une « force » qui oriente et pousse quelque chose dans une certaine direction... Or cette force, Newton n'en a pas constaté la présence. Il aurait dû seulement dire : les corps se rapprochent les uns des autres, etc. ; l'expression aurait également été fautive si elle avait introduit cette nuance : les corps ont tendance à se rapprocher... La tendance, en tout état d'observation, n'aurait pas été manifeste.

Il y avait donc à la racine même de la théorie de Newton quelque chose d'affirmé, qui n'était pas montré mais qui, admis sans preuve, permettait des démonstrations, plus que cohérentes, systématiques. La science s'y enfermait.

Comment la science s'ouvre-t-elle pour progresser ?

C'est en remettant en cause les « *a priori* » inavoués, parce que non décelés, qu'on trouve au cœur des principes de ses théories les mieux fondées, que la science progresse. Ainsi, Einstein a-t-il pu expliquer qu'il n'y avait nulle « attirance » entre les corps célestes. La courbure de l'espace expliquant le rapprochement...

Cela pour dire que la science ne doit jamais désespérer de ses propres progrès. En tout cas, quand elle est portée à s'abandonner au scepticisme, c'est, pratiquement toujours, parce qu'elle devient l'esclave de sa dernière théorie dont elle renonce à examiner d'un œil critique, les concepts qui la fondent. On sait trop bien le temps qu'il faut pour que soit acceptée la « découverte » qui fait tomber une science officielle académisée. Un Pasteur en dirait long sur la question !

Je pourrais donner bien d'autres exemples, qui confirment cette explication. Elle alimente **ma confiance en l'avenir de la science et en celle de l'homme que je ne sépare pas de celle de Dieu.**

On pensera qu'il y a loin entre ce sentiment de confiance et l'explication scientifique de la résurrection de tous les hommes qui ont peuplé la terre... L'écart est énorme et l'argumentation pour le combler ne pourra paraître que dérisoire.

Je n'ignore pas que la recherche d'une explication naturelle de la résurrection est contraire à la doctrine de l'Église catholique, que, par cette ambition, je commets une erreur, en réduisant à un processus naturel un acte surnaturel qui relève de la volonté de Dieu. Mais je ne prétends pas ici à l'orthodoxie ; **mon propos se veut personnel, fruit de mon imagination.**

La force de l'amour

Seulement, je n'en fais pas, non plus, de ce propos, une simple élucubration pour « me » faire plaisir, comme on dit aujourd'hui. Je tiens à préciser que j'attache un prix décisif, et incontournable, à l'exigence divine du respect que les hommes doivent à l'amour tel que le décrètent la loi et les prophètes. C'est dire que, pour moi, tant que les hommes n'auront pas fait de cette terre le lieu où règnent entre eux et de par leur volonté la paix et la justice grâce au règne de l'amour qu'ils auront instauré entre eux, Dieu leur demeurera caché. C'est de « leur » réalisation que dépend leur salut. Ils en sont comptables. Et, là follement, c'est vrai : je crois que cette instauration du **règne de l'amour entre les hommes** serait principe actif de résurrection. Comment ? Est-ce parce que Dieu, en ce temps-là, leur deviendrait, grâce à leur progrès, ostensiblement présent, pourrait dialoguer avec eux ? Ils bénéficieraient, alors, de son expérience d'éternité et pourraient alors la faire leur en y faisant participer tous ceux qui les ont précédés, dont je suis. Est-ce possible ? C'est sur le « comment » comment le serait-il qu'on reste sans voix pour le dire et comme sans voie pour y accéder.

J'imagine que l'homme pénètre les secrets de l'infiniment petit et qu'il y trouve inscrit les gènes dont les individus humains sont porteurs, modifiés par les acquis de leur vie et en situation de pouvoir être réactualisés. Alors, après la mort, que le corps humain ait été, selon la volonté de celui qui en fut porteur, enterré, incinéré…, on peut supposer qu'il suffira d'une particule de cet ancien corps, rendu à la matière élémentaire, pour qu'on puisse à partir de cette particule le recomposer en son entier avec la conscience qui fut la sienne et toute son histoire… Cela peut paraître un rêve, mais l'ambition qui le nourrit n'a rien d'impossible. De plus, j'y reviens une fois encore : pour que les hommes parviennent à cette maîtrise de la vie humaine, il faut qu'ils vivent entre eux la loi de l'amour qui leur a été donnée. Oui, les hommes sont parvenus à un stade d'évolution où il ne leur suffit plus de dire : « science sans conscience n'est que ruine de l'âme », il faut qu'ils ajoutent : sans conscience, le progrès de la science s'arrête. L'homme de plus en plus impliqué par ses découvertes devra les orienter dans le sens de ce qui doit contribuer au salut de l'humanité. Pour cela, il lui faudra donner toutes ses chances aux hypothèses les plus généreuses que sa foi peut lui inspirer.

Mais j'estime qu'on a tort d'attendre une intervention gratuite de Dieu, mettant fin à la condition humaine, parce qu'il le jugerait bon. C'est céder à la loi de la raison paresseuse. L'homme doit rester dans la perspective où

Dieu, en bon pédagogue, respecte et encourage, autant qu'il peut le faire, **la croissance de sa liberté,** dont il est incontestable qu'elle est intrinsèquement liée au progrès que l'homme accomplit par l'acquisition de la compréhension du monde. Pourquoi Dieu mettrait-il fin à ce programme pédagogique ? Ce serait aller à l'encontre de ce que tout pédagogue sait : **on n'enseigne pas l'élève pour le remettre dans la situation de dépendance du départ.** Au contraire. Les esprits inquiets pensent que ce grand déploiement de la science « athéise » l'homme. C'est une erreur. Elle n'aboutit à ce résultat que lorsque le formalisme religieux déclare sottement la guerre à la science et réciproquement. Je dis « sottement », parce que cette prise de position détourne l'activité scientifique de Dieu et lui ôte de son ambition au point de renoncer à penser qu'elle a à mettre dans son programme le salut de l'homme. On a dit *« peu de science éloigne de Dieu, beaucoup y ramène »* ; il faut, encore, ajouter que c'est en pensant que Dieu est pédagogue que le savant s'ouvrira, au niveau de leur vraie norme, le champ de ses hypothèses.

Une objection possible

« Bon, bon, tout cela est très joli. Quelle cacophonie que ce monde si exigu qu'est le globe terrestre qui deviendra le lieu de la résurrection des milliards d'hommes qui l'ont peuplée depuis leur apparition… ! Et puis, admettons cette résurrection, à partir de votre hypothèse concernant l'infiniment petit, comment vont vivre tous ces êtres humains et comment sera donc leur éternité, parce que je ne pense pas que vous les ayez ressuscités pour les remettre dans une seconde mort. J'avoue ne pas bien saisir comment vous pouvez vous tirer d'un pareil imbroglio. »

Une réponse pleine de conviction

Quand l'homme se sera ouvert l'intelligence de l'infiniment petit, il aura conquis l'infiniment grand et se sera installé sur d'autres planètes que celle de la terre. Il aura **plein de lieux** pour accueillir ses frères ressuscités… et il aura prévu de quoi les nourrir et les couvrir. Il n'y aura donc pas de cacophonie.

À quoi s'occuperont-ils ? Mais ils pourront se livrer à toutes les initiatives culturelles, qui sont celles de leur nature et que nous connaissons, auxquelles leurs sens les invitent : peinture, dessin, sculpture, musique, sports… Il ne faut pas oublier que les progrès de la technique extrairont des ressources de la matière tout ce dont ils ont besoin pour assurer leur vie. Donc tout leur temps leur sera donné pour s'aimer, aimer la nature, les œuvres de l'art et en produire eux-mêmes. Ce sera le paradis « terrestre », car, contrairement à ce qu'on peut penser, Dieu n'a jamais voulu pour l'homme une autre condition que celle qu'il lui a donnée au départ. Les hommes continueront à se reproduire. L'amour-humain, charnel, fera partie de ce programme. Bien entendu, la mort n'est plus au rendez-vous. Eh bien, oui, la résurrection permettra aux êtres humains de se retrouver et d'estimer à son juste prix leur vie passée. Ils en comprendront les causes les plus cachées et seront, de ce fait, délivrés de leurs astreintes.

Et Dieu, dans tout cela ?

Je ne l'oublie pas. Il aura sa place, celle qu'il ambitionnait au départ de son œuvre. Comme tout bon pédagogue, il aimera voir ses disciples émancipés, maîtrisant à merveille, la loi d'amour qui gouvernera désormais toute chose. Il pourra échanger avec les uns et les autres sans complexe, c'est-à-dire sans risquer de les anéantir par sa puissance. Il aura la joie d'être présent à tous, de pouvoir se montrer dans et par un esprit, de se sentir compris dans son langage. Il assistera en bon père de famille au bonheur de tous ses enfants rassemblés. Les animaux n'auront plus ni à souffrir, ni à mourir, ni même les végétaux, car les hommes auront appris à transformer en nourriture succulente les minéraux qui composent l'univers.

Le vrai disciple ne pense jamais à effacer son maître ; il a compris qu'il sera toujours pour lui la source de ses ressources.

Or, comme le sait le géologue, c'est sur les sommets que, depuis Moïse, on va chercher les sources.

Dieu et la création

• Générosité de Dieu. Pour Blanc de Saint-Bonnet : *« Dieu crée l'homme le moins possible »*. C'est en effet le moyen pour qu'il existe le plus possible.

• Pour que l'homme puisse le choisir, Dieu est obligé de se cacher.

• Sagesse de Dieu : se faire connaître aux hommes sans que leur liberté soit anéantie par la sienne.

• Intelligence de Dieu : éviter que l'homme ne le renie lorsqu'il s'avise qu'il est libre.

• Méthode de Dieu : utiliser le temps comme moyen pour faire accéder l'homme à sa divinité.

• Volonté de Dieu : faire en sorte que l'humanité finisse par être en règle avec elle-même.

• Non, Dieu ne cédera pas au Goetz de Sartre.qui le provoque au miracle. Pas plus que Jésus, après le jeûne dans la montagne, n'a accepté de se faire complice de Satan.

• Pour le salut, il faut pratiquer des vertus qui se situent toujours aux confins des limites naturelles.

• La mort, étant plénitude d'absence d'être, appelle une plénitude de présence d'être qui a nom « éternité ».

• La différence entre Dieu et l'homme, c'est que Lui humanise son savoir par l'Évangile alors que lui tente de diviniser le sien en pratiquant l'ésotérisme.

• « Ce n'est pas parce que Dieu peut écrire droit sur les lignes tordues qu'il faut s'adonner au plaisir de tordre les lignes comme pour lui donner occasion d'écrire droit. » (Père Calmel o. p.)

• C'est dans l'idée de péché originel que l'homme trouvera le sens de sa faiblesse et dans celle de salut celui de sa force.

• Le paganisme, c'est le sacrifice sans le salut ; le christianisme le salut par le sacrifice.

• Sans la Foi, on ne part pas ; sans l'Espérance, on n'arrive pas ; sans la Charité, on ne rencontre pas.

• Un enfant : dans l'autre monde, on ne croira plus, on verra ; on n'espérera plus, on aura ; mais on aimera toujours.

• Foi, Espérance et charité, les trois vertus du temps. La foi a sa racine dans le passé ; l'espérance dans l'avenir ; la charité dans le présent, c'est pourquoi elle est d'éternité.

• La Foi sans l'Espérance ? Un abri pour la lâcheté.

• L'Espérance sans la Foi ? La vraie religion de l'athée.

• La Charité sans la Foi, ni l'Espérance ? Une simple gageure.

• La Foi et l'Espérance sans la Charité ? Le vice déguisé en vertu.

• Parier pour Dieu, c'est voir l'événement autrement.

• Sans doute, le catholique doit-il croire à l'Enfer, mais il n'est pas obligé de penser qu'il y ait quelqu'un dedans.

• Le Saint est plus simple que la simplicité parce qu'il s'ignore lui-même.

• Recherchons au cœur de toute provenance la Providence qui est sa lumière.

• La Providence précède par l'urgence.

• La force de l'homme sur la terre ne cesse de grandir et rend de plus en plus net le sens positif que doit y prendre la faiblesse de Dieu.

• Les hommes voulant que Dieu leur soit supérieur en tout lui ont attribué une capacité de méchanceté à laquelle ils ne peuvent atteindre : se réserver le pouvoir de les damner éternellement et de les terroriser en les en menaçant.

• Il appartiendra au XXIe siècle de déceler le sens positif de la Providence. C'est dans l'approfondissement du sens de la liberté humaine qu'il est enfoui. Nous parions pour l'établissement d'une phénoménologie de la Providence. Oui, un monde, capable de Dieu ! Et, non plus, un Dieu, capable du monde, seulement ! Travaillons pour que le ciel de la conscience habite la terre.

• Dieu est injuste par défaut en abandonnant des hommes à leur liberté ; il le sera par excès en les sauvant tous.

• Passer de la peur du néant à la crainte de l'au-delà n'est pas une fuite mais l'assomption de la liberté.

Dialogue entre la vie et le temps

« Vous avez toujours tout votre temps,
J'aimerais pouvoir en dire autant. »

Ainsi apostrophé par la vie, le temps devait donner son avis :

« Vous croyez ma condition enviable ;
Il est certain qu'elle n'est pas viable.
Sans discontinuer je me précède.
À aucun moment, je me possède.
Je suis la victime de mon être,
Au point de ne pouvoir jamais être.
Le destin qui m'accable est sans fin :
Il est d'avoir de moi-même faim.
Je passe mon temps à me quitter.
Ainsi, m'est imposé d'exister. »

Mais la vie demeurait inflexible, elle était dans sa zone sensible :

« Vous vous quittez pour vous retrouver.
Dès lors, pourquoi donc vous en priver ?
Mon demain à moi est incertain,
Je m'attends à mon dernier matin.
Votre avenir est entre vos mains.
Quant au mien, il dépend du destin. »

« Vraiment vous n'y avez rien compris,
Dit le temps on ne peut plus surpris.
Mon être me file entre les doigts,
Sans que, sur lui, j'aie le moindre droit.
Qu'importe qu'il soit inépuisable,
Si je suis soumis à l'impensable :
Demain sera pareil qu'aujourd'hui,
Et c'est cela qui fait mon ennui.
Je souhaiterais pouvoir en finir,
Mais il m'est interdit de mourir.
Étant incapable de m'atteindre,

Ma conscience ne peut pas s'éteindre.
Supposez qu'on vous donne à choisir
Et que vous le fassiez à loisir :
Esclave de l'immortalité
Ou bien mortel doué de liberté ?
Ce qu'il faut décider est patent,
Vous n'hésiterez pas un instant. »

Bagage pour l'au-delà

Me voici à l'âge
Du dernier voyage,
Temps de l'emballage
Pour mon paquetage.

Pas de brosse à dents
À placer dedans,
Ni de vêtements
Pour quelque ornement.

À l'heure du Maître,
Que faut-il y mettre,
Si ce n'est de l'être
Méritant d'y être ?

J'y mettrai l'instant,
Pour moi si patent
Où l'amour fut tant
Que prit sens le temps.

Chez le même éditeur

96 p.
L'essentiel

Introduction à Antoine de La Garanderie

Jean-Pierre Gaté et Thierry Payen de La Garanderie

Naissance d'un pédagogue

Cet ouvrage est une interview d'Antoine de La Garanderie, pédagogue, connu dans le monde entier pour ses travaux sur la gestion mentale.

Antoine de La Garanderie s'est attaché, dans ses travaux, à comprendre quelles conditions étaient nécessaires pour faciliter l'apprentissage, quels profils d'apprenant pouvait-on identifier pour mieux les accompagner sur les chemins de la connaissance.

Cet ouvrage présente les concepts clés de l'auteur, ses convictions, ses questionnements. Il montre comment ces éléments se sont construits au fil de ses recherches et de ses expérimentations.

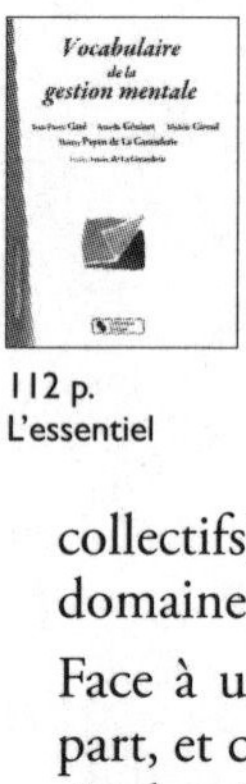

112 p.
L'essentiel

Vocabulaire de la gestion mentale

Jean-Pierre Gaté – Thierry de La Garanderie – Armelle Géninet – Michèle Giroul

Depuis la parution des Profils pédagogiques en 1980, la théorie de la gestion mentale d'Antoine de la Garanderie a connu un réel engouement, tant dans les milieux éducatifs (aussi bien en France qu'à l'étranger), où de nombreux acteurs (individuels ou collectifs) s'en sont emparé pour innover dans leur pratique, que dans le domaine de la recherche universitaire.

Face à une telle abondance de publications et de manifestations, d'une part, et compte tenu de l'évolution de la pensée d'Antoine de la Garanderie depuis ses premiers travaux, d'autre part, il apparaissait nécessaire de mettre à la disposition de toute personne souhaitant découvrir ou mieux connaître la gestion mentale, un vocabulaire de ses concepts fondamentaux selon une formulation actuelle et suffisamment stabilisée.

Telle est l'ambition du présent ouvrage auquel ont contribué des auteurs engagés ensemble sur ce créneau depuis de nombreuses années, tout en ayant des sensibilités et des trajectoires professionnelles différentes.

Cet ouvrage comprend également un descriptif complet des publications d'Antoine de La Garanderie et sur ses travaux.

www.chroniquesociale.com